달섬 세계고전

21

갈대피리의 노래 1

마울라나 잘랄루딘 루미

The Reed Flute's Song

갈대피리의 노래 1

왕은철 옮김

달섬

목차

갈대피리의 노래 1

사랑을 모른다면

만약 하늘이 사랑을 하지 않는다면
가슴은 순수하지도 빛나지도 않을 것입니다.
만약 하늘이 사랑을 하지 않는다면
얼굴은 아름답지도 밝지도 않을 것입니다.
만약 지구와 산들이 사랑을 하지 않는다면
어떤 식물도 그들의 가슴에서 싹을 틔우지 못할 것입니다.
만약 바다가 사랑에 대해 알지 못한다면
움직이지 않고 있었을 것입니다.

우리의 마음

우리의 마음은
불이 붙어 빛나기를 바라는 양초입니다.
우리의 마음은
사랑하는 사람과 떨어지면
고통스러워하며 그리워합니다.
그리움이 무엇인지
열렬함이 무엇인지 알지 못해도
당신은 그리워합니다.
사랑은 배울 수도 없고 가르칠 수도 없습니다.
사랑은 은총으로 다가옵니다.

사다리가 없어도

나뭇가지는 바닥에서 위로
물을 끌어 올립니다.
사랑은 사다리 없이도
우리의 영혼을 끌어올립니다.

사랑의 초원

나는 사랑이 자라는
초원에 도착했습니다.
어떤 먼지든 이곳에 오면
깨끗하고 순수해집니다.

미움을 밀어내고
어서 가서 가슴에 있는
모든 미움들을 씻어내세요.
설거지를 하듯 물로 일곱 번 씻어내세요.
그러면 당신은 우리의 동료가 되어
사랑의 술을 마실 수 있을 것입니다.

사랑의 정의

무슨 말로 묘사하고
무슨 말로 설명해도
사랑은 늘 당황스럽습니다.
사물은 말로 설명하면 분명해지지만
사랑은 말로 하지 않는 것이
훨씬 더 분명합니다.

당신이 우리가 될 때

누군가가 사랑이 뭐냐고 물었습니다.

내 답변은 이랬습니다.

의미를 묻지 마시오.

당신이 '우리'가 될 때 알게 될 것입니다.

사랑의 은유

사랑은 하늘을 향해 날아가는 것입니다.

사랑은 숨을 쉴 때마다 수백 개의 베일을 걷어내는 것입니다.

사랑은 눈이 보는 것 이상으로 보는 것입니다.

사랑은 마음의 골목들을 즐겁게 달리는 것입니다.

본질

오, 하느님,
이 사랑은
너무 비밀스럽고
너무 뚜렷합니다.
달 같고
포도주 같습니다.
오, 하느님,
이 사랑이
우리의 삶과 우주를 장식하고 있습니다.

연기

보이지 않는 곳에서
단향檀香나무가 타고 있습니다.
사랑은 그 연기의 향입니다.

사랑의 연금술

사랑을 통해 쓴 것이 달콤하게 바뀝니다.
사랑을 통해 구리가 금으로 바뀝니다.
사랑을 통해서 찌꺼기가 순수한 술맛을 냅니다.
사랑을 통해 고통이 치유됩니다.

이성과 사랑

이성이 말합니다.
"이 여섯 개의 방향이 한계요.
출구는 전혀 없소!"
그러자 사랑이 말합니다.
"아니, 있습니다.
나는 그 길을 여러 차례 오갔답니다."
이성은 시장을 보고 장사를 시작합니다.
그런데 사랑은 시장 너머의 놀라운 저잣거리를 봅니다.

사랑의 영광

나는 죽었습니다.
나는 살아났습니다.
나는 흐느꼈습니다.
나는 웃음이 되었습니다.
사랑의 영광이 나한테 왔습니다.
그리고 나는 영원한 영광이 되었습니다.

오르막과 내리막

사랑에는 결합과 이별이 있습니다.

이 길에는 오르막과 내리막이 있습니다.

목마른 사람

사랑하는 사람이 자기를 찾지 않는데
결합을 갈구하는 연인은 없습니다.
목마른 사람은 물을 달라고 소리치고
물은 이렇게 소리칩니다.
"나를 마시고 싶은 사람이 누구죠?"

사랑의 종교

사랑의 종교는
모든 형태의 종교들과는 다릅니다.
연인들은
하나의 국가,
하나의 종교에 소속되어 있습니다.
그건 신입니다.

은전의 우화

네 여행자에게 은전 한 잎을 주면서
무엇이든 사고 싶은 것을 사라고 했습니다.
이 사람들은 서로 다른 말을 하는 사람들이었습니다.
은전을 써야 할 때가 왔습니다.
한 사람이 페르시아어로 말했습니다. "안구르 주세요."
한 사람이 아랍어로 말했습니다. "에납 주세요."
한 사람이 터키어로 말했습니다. "우줌 주세요."
한 사람이 그리스어로 말했습니다. "에스타필 주세요."
네 남자는 자기가 먼저라며 싸우기 시작했습니다.
그들은 네 언어를 아는 현자가 와서
서로 다른 네 단어들이 똑같이 '포도'라는 의미라고
말해줄 때까지 싸우고 있었습니다.

연인

당신에게 연인이 없다면
왜 찾지 않나요?
당신이 연인을 찾았다면
왜 기뻐하지 않나요?

바람

나는 당신을 따르려고
이 위험한 길에 내 마음을 풀어 놓았습니다.
바람이 당신의 냄새를 실어왔습니다.
나는 고마움에 내 마음을 바람에 뿌렸습니다.

사랑의 기쁨과 고통

꿈속에서 당신을 보면
나는 내 마음이 낮에 들떠 있을 것이라는 것을 압니다.
고국 인도가 꿈에 나오면
낮에 사슬을 깨버리는 코끼리처럼 말입니다.
누가 그 코끼리를 억제할 힘을 갖고 있겠습니까?

내가 바라보면 나의 연인은 수줍어합니다.
내가 보지 않으면 그녀는 나의 가슴을 고문합니다.
오늘 밤, 연못 같은 그녀의 얼굴에
달과 별들이 반짝입니다.
그녀의 물이 없으면
나는 메말라 진흙이 되고 말 겁니다.

당신을 생각하면 가슴이 뛰기 시작하고
그리움의 눈물이 내 눈에서 떨어집니다.
어디를 가든 당신에 관한 얘기를 들으면
나의 가엾은 마음은 내 몸을 빠져 나가

당신을 향해 날아가려 합니다.

나의 마음은 당신의 황홀경에 도달하기 위해
끓을 만큼 혼란스럽습니다.
나의 마음은 당신의 의식을 얻으려고
의식을 잃었습니다.
그것이 당신의 감미로운 음료를 마실 유일한 길이라면
나의 마음은 독이라도 마시려 합니다.
나의 마음은 당신의 귀에 다가가려고
스스로 귀걸이가 되었습니다.

약간의 마음만이라도 내 마음에 남아 있다면
당신이 없는 삶은 고통스러울 것입니다.
당신의 아름다운 긴 머리에는
매듭 안에도 곱슬머리가 있습니다.
그 중 하나에 잡힌 현명한 사람은 사랑에 미치게 됩니다.
그렇지 않다면 그는 현명한 사람이 아닙니다.

나는 미칠 만큼 당신과 사랑에 빠져 있습니다.
충고와 설교가 무슨 소용이겠습니까?
나는 치명적인 사랑의 물을 마셨습니다.
약간의 설탕이 무슨 소용이겠습니까?
광기는 내 마음에 있습니다.
내 발에 족쇄를 채운들 무슨 소용이겠습니까?

그리움의 매 순간,
사랑하는 사람은 나의 병든 마음을 고문합니다.
그녀는 내가 어떤 기분인지 모르거나
마음이 돌로 되어 있을 겁니다.
나는 피눈물로 내 마음의 이야기를 썼습니다.
연인은 그것을 보지만 읽지 않습니다.

나를 더 이상 저주하지 말아 주세요.
나는 당신의 저주에 이미 취해 있습니다.
당신의 맛 좋은 술에 취해

무한한 기쁨으로부터 바닥으로 떨어졌습니다.
나는 당신이 쓴 물을 주더라도
달콤한 음료처럼 마시겠습니다.
나는 당신에게 그토록 헌신적이랍니다.

당신이 바다라면
나는 당신의 물고기입니다.
당신이 초원이라면
나는 당신의 사슴입니다.
나는 당신의 입술에 닿는 갈대 피리입니다.
나한테 숨을 불어 넣어주세요.
나는 당신의 숨결을 사랑합니다.
당신이 가버리면
나는 그리움에 피눈물을 흘립니다.
점점 커져만 가는 당신을 향한 슬픔이
나를 더 울게 만듭니다.
아니, 이건 사실이 아닙니다!

당신이 떠났을 때 나의 눈은 당신을 따라 갔습니다.
내 눈이 당신과 함께 가버렸는데
내가 어떻게 울 수 있겠습니까?

당신은 나에게서 세 가지를 가져갔습니다.
내 마음에서는 인내심을
내 얼굴에서는 색깔을
내 눈에서는 잠을 가져갔습니다.
당신은 그토록 빠르고 예리합니다!
당신의 것과 같은 손은
상상할 수조차 없습니다.

사랑을 찾아서

세상은 여섯 방향 모두가
신의 빛으로 채워져 있습니다.
그러나 사람들은 “빛은 어디에 있느냐?”고 묻습니다.
풋내기는 왼쪽 오른쪽, 모든 곳을 찾아보다가
이런 말을 들었습니다.
“왼쪽 오른쪽이 없는 바로 이 순간이오.”

아, 영리한 사람은 저리 가세요!
이곳은 영리함을 위한 곳이 아닙니다.
당신이 머리카락처럼 가늘어지더라도
당신을 위한 방은 있습니다.
지금은 대낮입니다.
당신이 어떤 램프를 켜든
햇빛 앞에서는 무색해질 뿐입니다.

햇빛이여, 나오라!
세상에 있는 모든 것들이 춤을 추고 싶어 합니다.

우리의 영혼도 무념무상으로 즐겁게 춤을 추고 싶어 합니다.
하늘이 빙빙 돌게 만드는
위대한 댄서가 춤을 추면
내가 당신의 귀에 속삭여주겠습니다.

당신의 성소聖所에서 기도하고 있는 사람들이여,
집은 아직 멀리 있습니다.
바로 이 순간에 움직이세요!
여인숙에서 정신이 없는 사람들이여,
백여 개의 대상隊商들이 지나갔습니다.
그럼에도 당신들은 아직 자고 있습니다.

세상을 떠도는 경건한 구도자들이여,
어째서 당신들은 정신적 우상에 혼란스러워하나요?
온 세상을 돌아다니며 찾는 것을
당신들 안에서 찾으십시오.
당신들은 이미 그것을 갖고 있습니다.

우리가 매일 새로운 숙소에서 멈추고
옛 숙소를 뒤로 하는 것은 좋은 것입니다.
썩지 않고 자유롭게 흐르는 물처럼 말입니다.
어제는 지나갔습니다.
어제의 이야기도 마찬가지입니다.
오늘, 우리에게는 새로운 모험이 있습니다.

당신이 마음의 거리들에서
찾고 있는 게 무엇인가요?
당신은 어째서 피눈물을 흘리고 있나요?
머리에서 발끝까지 당신은 진실에 사로잡혀 있습니다.
그러나 당신은 여전히 자신에 대해 너무 무지합니다.
당신은 달리 뭘 찾고 있는 건가요?

당신은 매듭을 풀어줄 수 있는 자를 찾고 있습니다.
그러나 그 환상 속에서 죽습니다.
당신은 합일의 가슴에서 태어났습니다.

그러나 이별 속에서 죽습니다.
당신은 강둑에 살고 있습니다.
그러나 목말라하며 잠을 잡니다.
당신은 보물 위에 앉아 있습니다.
그러나 거지로 죽습니다.

당신이 우리의 관계를 단절했지만
나는 절망하지 않습니다.
당신은 다른 연인을 선택했지만
나는 절망하지 않습니다.
내가 살아 있는 한
당신의 슬픔은 나의 음식입니다.
절망 속에도 많은 희망이 있습니다.
그러니 나는 절망하지 않습니다.

당신이 찾는 것이 영혼의 집이라면
당신이 그 영혼입니다.

당신의 탐구가 한 덩이의 빵을 위한 거라면
당신이 그 빵입니다.
당신이 찾는 것은 바로 당신입니다.

나의 마음이여,
그대는 어떤 모험을 찾고 있나요?
만약 그게 당신이 찾고 있는 나라면
나는 이미 당신과 함께 있습니다.
당신이 연인을 보지 않았다면
당신이 찾는 건 누구인가요?
당신이 연인을 보았다면
당신은 달리 누구를 찾고 있나요?

나는 누구일까요

한동안 나는 다른 사람들을 흉내 내어
누구보다 나 자신을 좋아했습니다.
진짜 자아를 보지 못한 나는
나의 이름만을 들을 수 있었습니다.
나의 작은 자아에 갇혀
내가 누구인지 이해하지 못했습니다.
내 자신으로부터 나왔을 때에야
나는 진짜 나를 보았습니다.

때때로 "나는 왕이다!"라고 말하곤 했습니다.
때로는 "나는 노예다!"라고 부르짖곤 했습니다.
그 때가 지나면서
나는 더 이상 '나'를
당연하게 생각하지 않습니다.
나는 "내가 결론이 아니다"는
결론에 도달했습니다.

당신의 가슴에서 나의 가슴에 이르는 길이 있습니다.
나의 가슴은 그걸 어떻게 찾을지 압니다.
가슴은 물처럼 깨끗하고 새롭습니다.
순수한 물은 달의 아름다움을 비추는
믿음직한 거울입니다.

나는 죽느냐 사느냐에 관심이 없습니다.
나는 양쪽 모두로부터 초연합니다.
그러나 '그것'이 용기는 아닙니다.
내 가슴 속에 있는 불가사의한 것들이
나를 미치게 만들지는 않습니다.
'이것'이 용기이고 진짜 광기입니다!

안과 밖 양쪽을 보는 사람은
백 가지 방식으로 연인들을 지켜봅니다.
당신의 눈을 보세요.
그리고 눈이 어떻게 보는지 보세요.

안에서 내다보고 있는 분은 누구입니까?

당신의 눈에 너무 잘 만들어진 것처럼 보이는 인간의 형상은
슬픔의 마구간에서 만들어진 것입니다!
그것은 때로는 악마처럼
때로는 천사처럼
때로는 거친 짐승처럼 보입니다.
이러한 인간의 무리가 얼마나 불가사의한 존재인지 누가 알까요?

영적 진실의 비밀은 묻는다고 풀리지 않고
지위와 재산을 버린다고 풀리지 않을 것입니다.
당신의 눈과 가슴을 헌신적인 사랑의 길에 바치십시오.
머릿속으로 따진다고 깨달음에 이르지는 못할 것입니다.

당신의 가슴에서 자아를 깨끗이 씻어내면
당신은 진정한 자신과 당신의 첫 사랑을 보게 될 것입니다.
당신은 거울 없이는 자신의 얼굴을 볼 수 없습니다.

사랑하는 이의 얼굴을 보세요.
그가 당신의 거울입니다.

당신은 천상의 집에서 온 사람입니다.
당신한테는 당신이 속한 순수한 세계에 대한 관념이 있습니다.
그런데 아쉽게도 당신은 이 진흙 형상 속에서
자신의 모습만을 볼 뿐입니다.
그렇게 해서 당신은 자신의 원래 모습을 잃어버렸습니다.

나는 내가 아니고
당신은 당신이 아니고
당신은 내가 아닙니다.
나도 나이고
당신도 당신이고
당신도 나입니다.
사랑하는 이여,
나는 당신을 사랑하고 있습니다.

내가 당신인지
당신이 나인지 모르겠습니다.

당신은 밖을 보면서 인간의 형상들을 봅니다.
당신은 서양과 동양에서 온 낯선 사람들을 봅니다.
신은 "내게 돌아오라"고 말씀하셨습니다.
그런데 어떻게 돌아갈까요?
내면을 보십시오.
인간의 형상 너머를 보게 될 것입니다.

사랑하는 이의 얼굴

친구여! 나는 당신의 가까운 동반자입니다.
당신이 어디에 발을 딛든
나는 당신 발밑에 있는 흙입니다.
사랑의 종교에서 이것은 공정한 걸까요?
나는 당신을 통해 온 세상을 보지만
당신을 볼 수는 없습니다.

사람들은 내게 묻습니다.
"왜 그렇게 고통스러워하고
울고 한숨을 쉬고
안색이 창백한 겁니까?"
나는 대답합니다.
"묻지 마세요. 묻는 건 옳지 않아요.
그녀의 아름다움을 보면
당신도 결코 눈을 뗄 수 없을 테니까요."

태양 같은 당신의 얼굴이 이 하늘 너머에서부터 반짝입니다.

당신의 아름다움을 언어로는 도저히 묘사할 수 없습니다.
당신을 위한 사랑은 내 가슴 속에 있습니다.
그것은 이 삶을 넘어서고
이 세계를 넘어서는 신비로움입니다.

아름다운 천사의 얼굴이 내 가슴에 새겨져 있는 한
이 세상에서 나만큼 기쁜 사람이 누가 있을까요?
오, 신이시여, 내가 알고 있는 건 이 행복한 삶뿐입니다.
나는 슬픔에 대한 얘기를 계속 듣지만
그게 무엇인지는 알지 못합니다.

내가 내 가슴을 필요로 할 때
나는 그것이 당신의 집에 있다는 것을 압니다.
내가 내 영혼을 필요로 할 때
나는 당신의 머리칼을 봅니다.
내가 너무 목이 마려워 물을 마실 때
나는 물 위에 어린 당신의 우아한 얼굴을 봅니다.

나는 사랑하는 사람과
장미꽃이 만발한 정원을 걷고 있었습니다.
나는 아무 것도 모르고 장미꽃을 바라보았습니다.
사랑하는 이가 말했습니다.
"창피한 줄 아세요!
나의 얼굴이 당신하고 여기에 있는데
당신은 꽃들만을 보고 있군요."

내가 당신이니까요

그는 처음에는 나에게 온갖 친절을 베풀더니
결국에는 나를 온갖 슬픔으로 아프게 했습니다.
그는 자기가 좋아하는 구슬처럼 나를 갖고 놀더니
내가 녹아서 그가 되자
갖고 놀던 나를 떨어뜨렸습니다.

내가 죽으면
내 시신을 가져다가
사랑하는 사람에게 주세요.
만약 그가 나의 썩어가는 입술에 키스를 해
내가 다시 살아나거든 놀라지 마세요!

당신의 영혼을 살찌우고
충만하게 하고 싶으면
잠자러 가지 마세요.
연인에게서 나오는 사랑의 불이
당신을 태우게 하세요.

잠자러 가지 마세요.
당신은 수많은 밤들을 잠으로 보냈어요.
당신은 그 결과가 어떻게 되었는지 알잖아요.
자신에게 신의 호의를 베푸세요.
오늘밤 새벽까지 잠자러 가지 마세요.

광기의 비밀은 지혜의 원천입니다.
사랑에 미친 사람은
품위 있는 지식을 가진 사람이기도 합니다ㅏ.
고통의 길을 통해 마음의 친구가 되는 사람은
수많은 방식으로 자신에게 이방인이 됩니다.

나는 완고하고 부주의하고 떠들썩합니다.
그리고 나의 연인은 민감하고 조급하고
쉽게 싫증을 냅니다.
신만이 우리 둘 사이에 들어와
나에게서 그녀에게로

그녀에게서 나에게로
메시지를 전할 수 있습니다.

나는 사랑하는 사람의 압도적인 발밑에서
구르는 포도알입니다.
나는 사랑이 끌고 미는 방향으로 구릅니다.
당신은 말합니다.
"왜 내 주변을 맴도는 거요?"
나는 말합니다.
"그런 게 아니에요.
나는 내 주변을 맴도는 거예요.
내가 당신이니까요."

사랑의 기술

사랑은 삶의 시작부터 끝까지
나의 유일한 진짜 벗입니다.
내 안의 깊숙한 곳에서 영혼이 부르짖고 있습니다.
사랑의 길에 있는 게으른 자여
가슴을 열고 나를 자유롭게 해주세요.

우리는 사랑을 사랑하는 자들입니다.
신념에 대한 복종은 다른 것입니다.
우리는 사랑을 수집하는 가엾은 개미들입니다.
솔로몬의 당당한 삶은 다른 것입니다.
우리는 그리움 속에서
얼굴은 창백해지고 가슴은 찢어집니다.
만약 당신이 유행하는 옷을 파는 시장을 바란다면
다른 곳으로 가보세요.

비록 끝이 안 보여도 영적인 길을 걸으세요.
멀리서 바라보는 것은 용감한 게 아닙니다.

당신은 자신의 가슴 속에 살면서 이 길을 정복할 수 있습니다.
육신의 삶은 동물적인 욕망일 뿐입니다.

당신을 묘사할 말들을 마음속에서 찾으려 할 때마다
나는 그것이 곧 실패로 끝날 것이라는 걸 압니다!
당신의 아름다움은 나의 기억 속에 너무 오래 있어서
숨결 하나하나에서 그 모습을 드러냅니다.

사랑은 낮지도 높지도 않고
우둔함도 영리함도 없고
설교자들도, 대가도, 제자도 없습니다.
사랑은 영혼의 자유입니다.
겸손과 용기가 합해진 것입니다.

연인들만을 동료로 삼으세요.
비열한 사람들하고 어울리는 건 생각하지도 마세요.
모든 집단이 당신을 오라고 하지만, 조심하세요!

까마귀는 당신을 폐허로 이끌고
앵무새는 단란한 집으로 이끕니다.

매처럼 부지런하세요.
표범처럼 당당하세요.
싸움에서는 승리하고
사냥에서는 우아하세요.
나이팅게일이나 공작과 보내는 시간을 줄이세요.
하나는 당신의 잠을 방해하고,
다른 하나는 낮에 보면 색깔일 뿐입니다.

나는 스스로에게 이렇게 말합니다.
슬픔에 젖은 부정적인 사람들과 어울리지 마라.
기쁜 마음으로 상냥한 말을 하는 사람들과 같이 있어라.
네가 정원에 온 것은 가시들을 만지기 위해서가 아니라
장미, 재스민, 노랑수선화와 시간을 보내기 위해서다.

나의 불안한 마음은
나를 치료할 생명의 물을 찾으려고
온 세상을 돌아다녔습니다.
결국 그 달콤한 물은 화강암처럼 단단한
내 가슴에서 터져 나왔습니다.

유년시절도 지나고 젊음도 지났습니다.
노년이 삶의 날개를 타고 다가왔습니다.
손님은 사흘 이상 머무르지 않습니다.
아, 이 세계의 손님이여, 그대의 사흘이 지나갔다면
세속적인 들판보다 더 높게 그대의 당나귀를 타세요.

좋은 일들을 하세요.
세상은 선을 인정해 줍니다.
그리고 선을 당신에게서 빼앗을 수는 없습니다.
모든 사람의 부가 여기에 남고
당신의 부도 그럴 겁니다.
소멸할 부보다 선을 남기는 것이 더 좋습니다.

밤의 비밀

늦은 밤입니다.
우리는 홀로, 해안이 보이지 않는 바다에서
사랑에 길을 잃고 있습니다.
배와 밤과 구름, 그리고 우리 모두가
신의 바다에서 신의 은총으로
항해를 하고 있습니다.

친구여!
당신이 오늘밤 꿈속에서 나를 보지 않으면
또 일 년을 보지 못할 겁니다.
오, 밤이여!
당신이 나를 바라볼 때마다
내 옆에는 아침 햇살이 있을 겁니다.

사랑하는 이여,
오늘밤은 휘황한 달처럼 되세요.
잠들지 마세요.

위에 있는 하늘처럼 빙글빙글 돌면서 춤을 춥시다.
잠들지 마세요.
우리의 깨어 있음이 세상에는 등불입니다.
오늘밤, 이 램프를 들고 있자고요.
잠들지 마세요.

'그'를 알지 못하는 사람은 잡니다.
'그'를 알게 되는 사람은 잘 수 없습니다.
매일 밤, 사랑은 나의 귀에 속삭입니다.
"'그' 없이 잠드는 사람에게 화가 있으라."

밤이 지나갔습니다.
어디로 갔을까요?
전에 있던 곳으로요.
모든 피조물은 집으로 돌아가니까요.
오 밤이여,
약속의 땅에 도착하거든

사랑하는 이에게 내 안부를 전해 주세요.

나는 미치지 않았지만
그들은 나를 미쳤다고 합니다.
나는 이방인이 아니지만
그들은 나를 이방인처럼 추방합니다.
한밤중에 근무하는 보초들처럼 취해 있지만
훤한 대낮인 것처럼 나를 봅니다.

사랑하는 이가 지난밤에 나를 찾아왔습니다.
나는 밤에게 말했습니다.
"이 비밀을 내일 밝히지 말아 주세요."
밤이 말했습니다.
"잘 보세요! 햇빛이 당신과 함께 있잖아요.
그런데 내가 어떻게 낮한테 그 소식을 전할 수 있겠어요?"

당신은 밤이 왜 있는지 아세요?

연인들이 낯선 사람들로부터 떨어져
함께 있으라고 있는 거예요.
이 특별한 밤,
나의 아름다운 사랑이 나와 함께 집에 있어요.*
나는 취해 있어요.
그녀는 사랑에 빠져 있고요.
밤이 미쳐 가네요.

지난밤 당신은 나한테 그토록 우아했어요.
오늘 아침 당신은 당신의 기다란 머리처럼
나를 뒤로 넘겨버렸어요.
당신은 눈은 당신한테 취해 있고
나의 눈은 당신의 눈을 바라보는 것에 취해 있어요.
당신은 자신의 취한 눈도 어찌하지 못하는데
어떻게 나의 눈에 신경을 쓸 수 있겠어요?

---

* 아름다운 사랑은 달을 가리키는 은유다.

지난밤 꿈에 나는 문 옆에 서서
달처럼 빛나는 아름다운 얼굴을 보았어요.
바다처럼 우아하고 경이로움과 광채로 가득한 얼굴.
오늘 나는 집집마다 찾아다니며 묻고 있어요.
내 꿈에 나온 아름다운 얼굴을
누군가가 보았을지 모르니까요.

생명의 물

이 삶이 지나가면 신은 다른 삶을 주십니다.
자아가 죽으면 진짜 삶을 보게 될 것입니다.
사랑은 삶의 물입니다.
이 물에 들어가세요.
작은 물방울 하나에 삶의 바다가 들어 있습니다.

나에게서 잠을 빼앗아간 사람이 이제는
나의 집을 눈물로 범벅이 되게 합니다.
그는 조용히 나를 붙잡아 물속으로 던졌습니다.
그러자 내 안에 있던 쓴 물이 달콤해졌습니다.

당신은 바다처럼 넓은 마음을 가졌습니다.
힘을 내세요!
보석과 귀중품은 줘버리세요.
수전노는 이 길을 갈 수 없으니까요.
당신의 몸은 바다조개 같습니다.
조개는 입을 벌리고 이렇게 소리칩니다.

"나는 너무너무 작아.
만약 영혼이 내 안에 들어오는 길을
찾지 못했다면
내가 어떻게 바다 보물들을 갖고 있을 수 있을까?"

바다로 나가는 배한테는
해안에 있는 갈대들이 지나가는 것처럼 보일 겁니다.
마찬가지로 우리는 이 삶을 떠납니다.
세상이 옆으로 지나간다고 생각하면서.

당신은 진주를 찾지만 작은 개울에는 진주가 없습니다.
진주를 찾는 사람은 바다 속 깊이 들어가야 합니다.
생명의 물에서 목말라 나오는 사람이라야
귀중한 보석을 얻을 자격이 있습니다.

그가 왔습니다.
우리를 떠난 적이 없는 사람이 여기에 있습니다.

그는 물이고 개울은 비어 있을 때가 없습니다.
그는 사향의 광산이고 우리는 그 향내입니다.
당신은 향내가 없는 사향을 본 적이 있나요?

나는 친구의 감미로운 개울에서 물을 마신 적이 있습니다.
기분이 상쾌해지고 즐겁고 감미로웠습니다.
나는 그 황홀경 속에서
생명의 물이 흐르는 대로
빙글빙글 도는 물레방아가 되었습니다.

일어나십시오!
달빛을 밤의 정원으로 가져가
장미와 수선화의 잠을 깨웁시다.
몇 달 동안 우리가 탄 배는 얼음 위를 미끄러지고 있었습니다.
친구들이여, 이제 바다로 항해할 때가 되었습니다.

사랑은 동방의 비밀스러운 연금술이자

수십 만 개의 번개가 담긴 구름입니다.
내 안의 깊숙한 곳에는
그 안에 온 우주가 담긴,
사랑하는 이의 광채로 된 바다가 흐르고 있습니다.

우리가 사는 이 천막 속에서 우리는 죄수입니다.
이 장막을 벗어나면
우리는 자유로워지고 자신의 주인이 됩니다.

생명의 물은 사람들에게 말합니다.
"당신의 죽은 자아는 기슭에 놓고 들어오세요."

사랑의 불

사랑의 불이 낮에는 나를 태우고
밤에는 나를 술집으로 이끕니다.
그리고 나를 술집 사람들과 같이 앉아있게 합니다.
다른 사람들은 더 이상 나를 알아보지 못합니다.

사랑은 우리 예언자의 길입니다.
우리는 우리의 어머니, 사랑에게서 태어났습니다.
안타깝습니다!
거부하고 무시하는 우리의 성격 때문에
우리의 어머니는 우리의 베일 속에 숨어 보이지 않습니다.

어떤 불도 가슴에서 타지 않는다면
이 연기는 어떻게 된 것입니까?
어떤 향도 세상에서 타지 않는다면
이 냄새는 어떻게 된 것입니까?
내가 여기 있습니다.
당신은 어떻게 착한 연인을 죽었다고 할 수 있습니까?

나방은 촛불에 타지만 행복합니다.
왜 그럴까요?

연인들이 모이면 규칙들이 달라집니다.
사랑의 술은 다른 가게에서 팝니다.
여러분이 학교에서 배운 지식과
사랑은 전혀 다르답니다.

우리의 심판관은 다른 심판관들 같지 않습니다.
그는 가위가 아닙니다.
그는 값진 비단을 잘라서 조각내지 않습니다.
그는 영원이 동터올 때부터 사랑하는 분이었습니다.
오직 사랑의 판결만이 그분을 만족시킬 수 있습니다.

사랑은 사람들에게 기쁨을 주는 것입니다.
사랑은 온갖 종류의 행복을 주는 것입니다.
우리는 여자들에게서 태어난 게 아닙니다.

사랑이 우리를 태어나게 했습니다.
우리의 어머니들에게 무한한 축복과 찬사를!

사랑은 출발점이 없는 시간으로부터 와서
영원히 계속될 것입니다.
수많은 사람들이 사랑을 찾을 것입니다.
내일 당장 심판의 날이 닥치면
사랑하지 않는 사람은 통과하지 못할 것입니다.

오늘은 노래하고 귀를 기울이고 춤을 추는 날입니다.
햇빛이 비추이는 맑고 화창한 날입니다.
이 사랑은 모두에게 주어진 것입니다.
이 사랑은 타산적인 이성에는 죽음의 입맞춤입니다.

이 술은 영혼에 날개를 달아주고
무력감과 우울로부터 우리의 삶과 영혼을 자유롭게 합니다.
아름다운 시중이 이 사랑을 모십니다.

그래서 모든 연인들이 취해 있는 것입니다.
이 술은 사랑의 종교에서 허용됩니다.
연인들이여, 만세!

나의 가슴이여,
이제 내가 그대에게 관심을 돌릴 시간이 되었습니다.
나는 그대의 산호들로 불의 신전을 만들 겁니다.
그대는 내 삶 속에 숨겨진 금광입니다.
나는 그대의 광채를 보여주려고
그대를 사랑의 불 속에 던져야 합니다.

나는 사랑과 사랑에 빠졌고
사랑은 나와 사랑에 빠졌습니다.
몸은 영혼을 사랑하고 영혼은 몸을 사랑합니다.
때때로 나는 사랑하는 사람의 목에 팔을 두릅니다.
때때로 그는 연인들이 그러하듯
나의 옷을 부드럽게 끌어당깁니다.

사랑의 합일

나의 본질이 세상에 뻗어있는 바다에 합류하는 날
나를 이루는 모든 것들이 화려하게 빛날 것입니다.
나는 내 삶의 모든 순간들이 한 순간으로 모아지도록
사랑의 길 위에서 양초처럼 탈 것입니다.

우리는 사랑의 말을 타고 공허로부터 여기까지 왔습니다.
우리가 합일의 술을 마실 때 우리의 밤은 찬란합니다.
이 특별한 술은 연인들의 종교에서 허용됩니다.
그대는 우리가 공허의 새벽에 출발할 때까지
우리의 입술이 마르는 걸 보지 못할 것입니다.

생명의 물은 연인에게서 나옵니다.
그것은 모든 병을 치료합니다.
합일의 장미화단에는 가시가 없습니다.
그들은 말합니다.
"가슴 사이에 창문이 있어요."
우리 사이에는 아무 벽도 남아 있지 않습니다.

그런데 어떻게 창문이 있을 수 있을까요?

연인들은 풍요로워지려고 사랑의 집에 왔다 갑니다.
그분의 현존 앞에서 그들은 피눈물을 씻어내고 갑니다.
나는 사랑의 집 문간에 있는 흙 같습니다.
나는 머물고 싶습니다.
다른 사람들은 바람처럼 왔다 갑니다.

이기적인 마음이 완전히 사라질 때까지
인간의 마음은 합일과 조화를 이루지 못할 것입니다.
조화는 밖에서 오는 것이 아닙니다.
합일은 '당신'이 아무것도 아니라는 의미입니다.
가치 없는 말들은 아무리 많아도
환상을 진실로 바꿀 수는 없습니다.

내가 어디에 머리를 두르든
나는 그분 앞에 엎드립니다.

지구와 그 너머의 모든 방향에서
나는 그분을 경배합니다.
정원, 장미, 앵무새, 음악, 춤, 아름다운 얼굴들은
모두 핑계이고 수단입니다.
그분이야말로 진짜 목적입니다.

그분은 내 가슴의 안과 밖에 있습니다.
내 몸에 있는 맥박과 피와 혈관들은 모두 그분입니다.
어떻게 믿음이나 불신이 내 안에 있을 수 있겠습니까?
그분이 모두 안에 있는 모두이기 때문에
나 같은 다른 존재는 없는 것입니다.

당신은 자신의 마음에 대해 무지하고
자신의 피부에 속고 있습니다.
깨어나십시오!
당신의 삶 안에, 당신 안에 친구가 있습니다.
당신의 뇌는 육체를 감지합니다.

그러나 의식의 핵심은 영혼입니다.
당신이 육체, 감각, 영혼을 넘어서면
그분이 모두 안에 있는 모두입니다.

영적인 탐색을 할 때는 무엇보다 먼저 성숙해야 하고
그다음에는 세속적인 삶으로부터 거리를 둬야 합니다.
또한 시력을 교정해야 합니다.
그분이 온 세상에 있지만
그분을 알아보기 위해서는
밝은 눈이 필요하기 때문입니다.

온화함과 순수의 바다에서
나는 소금처럼 녹았습니다.
그러자 믿음, 불신, 확신, 의심 중 아무 것도 남지 않았습니다.
별 하나가 내 가슴 속에 나타났습니다.
일곱 개의 하늘이 그 별빛 속으로 사라졌습니다.

우리는 거울이고 그 안에 있는 얼굴이기도 합니다.
영원한 술에 취한 우리는
우리가 마시는 컵이기도 합니다.
우리는 병을 막습니다.
또한 그것을 치료하기도 합니다.
우리는 생명의 물입니다.
또한 그것을 따라주는 병이기도 합니다.

당신은 물이고
우리는 식물입니다.
당신은 왕이고
우리는 거지입니다.
당신은 말하는 분이고
우리는 소리입니다.
당신은 구도자입니다.
그런데 우리 모두가 발견하는 분일 수는 없는 걸까요?

평화로운 마음

평화로운 사람은
더 가져도 덜 가져도 신경 쓰지 않는 사람입니다.
왕이나 수도사와 관련이 없는 사람입니다.
세속적인 슬픔과 세속적인 사람들로부터 자유로운 사람입니다.
스스로에게 조금도 집착하지 않는 사람입니다.

우리의 모든 고통들은 어리석은 욕심과 탐욕스러운 자아,
권력과 명예를 위한 욕망에서 기인합니다.
몇 개의 곡식알을 먹으려다가 덫에 걸리는 새는
확 트인 지붕에서 좁은 새장 속으로 떨어집니다.

슬픔과 고통이 그대를 압도하게 하지 마세요.
세속적인 욕망들이 당신의 가슴을 차지하게 못하게 하세요.
죽음의 법이 당신의 입술을 태우기 전에
밤낮으로 사랑의 술을 마시세요.

나의 병든 가슴이여,

약을 먹을 시간입니다.
심호흡을 하세요! 시간이 되었습니다.
연인들의 병든 가슴을 치료하는 사랑이
인간의 모습으로 우리 세계에 왔습니다.

사랑이 없으면 진정한 즐거움과 기쁨은 없습니다.
사랑이 없으면 삶에는 아름다움과 조화가 부족합니다.
수많은 빗방울들이 구름에서 바다로 떨어집니다.
그러나 사랑의 강력한 힘만이 조개 속에 진주를 자라게 합니다.

손과 가슴은 텅 빌수록 좋습니다.
가슴이 텅 빌수록 더 기쁘고 더 좋은 겁니다.
영적인 가난 속에서
눈 깜짝할 순간만이라도 행복한 것이
수많은 왕들의 장엄함보다 훨씬 좋은 겁니다.

나는 이렇게 혼잣말을 합니다.

다른 사람들 위에 서지 마세요.
독사의 이빨이 아니라 따뜻한 약처럼 되세요.
다른 사람들의 악행으로부터 안전하고 싶나요?
악을 얘기하지 마세요!
악행을 하는 사람들과 어울리지 마세요!
악을 생각하지 마세요!

우리는 술 없이도 이렇게 기쁘답니다.
매일 아침 우리는 환한 얼굴로 일어납니다.
매일 저녁 우리는 만족해서 잠자리에 듭니다.
그들은 "당신들한테는 미래가 없다"고 말합니다.
그러나 우리는 미래 없이도 이렇게 기쁘답니다!

사랑의 불길

사랑의 불길이 내 가슴을 휘감을 때
내가 가진 모든 것은 재가 되고
당신의 사랑만 남았습니다.
나는 마음과 지식과 책들을 책꽂이에 놓아두고
시와 노래의 기술을 배웠습니다.

나는 가게와 일과 사업을 태워버렸습니다.
시와 노래를 만드는 것이 나의 새 기술입니다.
나는 나의 생명이요 가슴이요 눈인 그분에 대한 사랑으로
내 자신의 생명과 가슴과 눈을 태워버렸습니다.

나는 당신의 완벽함 때문에 사랑의 기술을 터득했습니다.
내 시의 기술은 당신의 아름다움에 빚진 것입니다.
내 가슴의 캔버스에서 당신의 모습이 춤을 춥니다.
나는 당신의 모습 때문에 춤추는 기술을 터득했습니다.

나의 시와 노래들이 물에 휩쓸려갔습니다.

홍수가 아직 나한테 있지도 않은 옷들을 가져갔습니다.
달빛의 선물이었던 나의 사악함과 미덕과 경건함을
달빛이 다시 가져갔습니다.

나의 무덤 옆을 지나가는 사람들은 누구나 황홀할 것입니다.
내 무덤을 보려고 걸음을 멈추는 사람은 평생 취해 있을 것입니다.
그가 바다에서 수영을 하면
모든 바닷물과 배들이 기쁨에 춤을 출 것입니다.
그가 죽어서 묻히면
무덤을 덮은 흙들이 취할 것입니다.

나는 세속적이면서 종교적입니다.
나는 순수한 술이면서 찌꺼기입니다.
나는 늙고 젊으며 어린 아이이기도 합니다.
내가 죽으면 '죽었다'고 하지 말고 이렇게 말하세요.
"그는 죽었습니다. 그는 살아났습니다.
그의 친구들이 그를 데려갔습니다."

사랑을 통해서

사랑을 통해서 모든 이의 차가운 마음이 따뜻해집니다.
사랑의 빛 속에서 딱딱한 돌들이 부드러워지고 녹아버립니다.
변칙적이라는 이유로 연인들을 심하게 대하지 마세요.
사랑의 술이 그들을 미치게 하고 뻔뻔스럽게 만들었답니다.

이 지구에
이 땅에
이 순수한 들판에
동정과 사랑의 씨 외에는
아무 씨도 뿌리지 맙시다.

당신은 주님이 쓰신 성서이고
주님의 아름다움을 비추는 거울입니다.
우주에게 존재하는 모든 것은 밖에 있지 않습니다.
안에서 찾으세요. 당신이 찾는 것이 이미 당신입니다.

말하고 싶은 다섯 가지

연인이 잠에서 깨어 사랑하는 이에게 말합니다.
“당신은 내 영혼이 맴을 도는 하늘이요,
사랑 안의 사랑이요, 부활의 자리입니다.

이 창문이 당신의 귀가 되게 하세요.
나는 당신의 조심스러운 침묵과
삶을 고동치게 만드는 미소를 그리며
여러 번이나 의식을 잃었답니다.

당신은 가장 사소한 것들과 나의 의심하는 마음,
그리고 가장 큰 것에 이르기까지 관심을 가져줍니다.

당신은 나의 동전이 위조라는 것을 알면서도
그냥 받아줍니다,
나의 무례함과 허세까지도!

당신에게 말하고 싶은 다섯 가지가 있습니다.

당신의 품에 말하고 싶은 다섯 가지가 있습니다.

첫째, 내가 당신과 헤어졌을 때
이 세계는 존재하지 않았습니다.
다른 세계도 존재하지 않았습니다.

둘째, 내가 찾고 있던 게 무엇이었든
늘 당신이었습니다.

셋째, 내가 왜 셋까지 세는 법을 배웠을까요?

넷째, 나의 옥수수 밭이 불에 타고 있습니다!

다섯째, 이 손가락은 라비아*를 위한 것입니다.
그리고 이 손가락은 다른 사람을 위한 것입니다.

---

* 이슬람 성자이자 신비주의자.

차이가 있을까요?

이게 말인가요, 눈물인가요?
울음은 말인가요?
사랑하는 이여, 내가 뭘 해야 할까요?"

그가 이렇게 얘기하자 주변 사람들이
그와 함께 울기 시작합니다.
미친 듯 웃기도 하고
번져가는 연인들의 결합에 신음도 합니다.

이것이 진짜 종교입니다.
다른 것들은 모두 그 옆에 버려진 붕대일 뿐입니다.

이것이 노예와 주인이 함께 춤을 추는 세마* 입니다.
이것이 비非존재입니다.

말도, 어떠한 자연적인 사실도
이것을 표현할 수 없습니다.

나는 이 춤꾼들을 압니다.
나는 이 경이로운 우리 안에서
밤새도록 그들의 노래를 부릅니다.

나의 영혼이여, 지금 대답하려고 하지 마라!
친구를 찾아 숨어라.
그러나 어떤 것이 숨어서 있을 수 있을까?
사랑의 비밀은 숨어 있는 곳으로부터
늘 고개를 들고 말합니다.
"저 여기 있어요!"

---

* 수피 신비주의에서 행하는 노래, 춤, 기도 등을 포함한 의식.

무기력한 행동들

당신이 원하는 기적의 징후들이 있습니다.
당신이 밤새도록 울고 새벽에 일어나 묻는 것,
당신이 원하는 것을 못 찾을 때는 하루가 어두워지고
목이 물레 가락처럼 가늘어지는 것,
당신이 갖고 있는 것을 모두 내어주는 것,
당신의 재산, 잠, 건강, 머리를 포기하는 것,
때때로 침향처럼 불 속에 앉아 있거나
때때로 밖으로 나가 찌그러진 투구처럼 칼날을 맞는 것.

무기력한 행동들이 습관적이 되면
그런 것들이 징후입니다.

그러나 당신은 이리저리 뛰어다니며 특별한 사건들에 관해
들을 게 있나 해서 여행객들의 얼굴을 들여다봅니다.
"왜 미친 사람처럼 나를 쳐다보는 거요?"
친구를 잃어서 그러니 용서해주세요.

그렇게 찾다보면 실패하지 않습니다.
누군가가 말을 타고 와서 당신을 안아줄 것입니다.
당신은 정신이 아득해져 말을 더듬습니다.
모르는 사람은 그걸 보고 "그런 체하는 거"라고 말합니다.
그들이 어떻게 알겠습니까?
물결이 바닷가에 얹힌 물고기를 쓸어내립니다.
내가 방금 얘기한 징후의 물결입니다.

내가 횡설수설하는 것을 이해해주세요.
어떻게 이 문제에 조리가 있을 수 있겠습니까?
이것은 자고새와 까마귀 울음소리가 들리는데
정원에서 잎사귀의 수를 세는 것과 같은 겁니다.

때때로 체계적이고 계산적인 것은
불합리한 것입니다.

동냥 그릇

2천 명의 '나'와 '우리' 중에서
어느 것이 나일까요?

내가 이렇게 묻는 걸 막지 마세요!
내가 이렇게 통제 불능일 때는 그냥 들어주세요!
그러나 깨질만한 것은 내 앞에 놓지 마세요!

내 안에는 독창적인 것이 있습니다.
여기에 있는 것은 그것에 대한,
당신을 위한 거울입니다.

당신이 기쁘면 나도 그렇습니다.
당신이 슬프거나 괴롭거나 우아하면
나도 그렇게 됩니다.

목장의 삼나무 그늘처럼
장미의 그늘처럼

나는 장미 가까이에 살고 있습니다.

만약 내가 자신을 당신에게서 분리하면
나는 온통 가시가 될 겁니다.

매 순간, 나는 내 피로 된 술을 마십니다.
매 순간, 나는 당신의 문에 대고 빈 잔을 깹니다.

나는 당신이 나를 찢어서 열기를 바라며
손을 뻗습니다.

살라딘*의 너그러움이 내 가슴에 촛불을 밝힙니다.
그렇다면 나는 누구일까요?
그의 빈 동냥그릇입니다.

---

* 샴스, 후삼과 함께 루미가 좋아했던 친구였다.

녹는 눈

아주 의식적으로,
난데없이,
당신은 나를 만나러 옵니다.
나는 누가 왔느냐고 묻습니다.
'달입니다. 보름달이 당신 집 안에 있습니다.'

친구들과 나는 거리로 달려 나갑니다.
'나 여기 있어요.'라는 목소리가 집 안에서 들려오지만
우리는 귀를 기울이지 않습니다.
우리는 하늘을 올려다봅니다.
내가 키우는 나이팅게일이
정원에서 술 취한 사람처럼 흐느낍니다.
나무비둘기들이 낮게 소리치며 흩어집니다.
'어디야, 어디야.'
한밤중입니다. 모든 이웃들이 잠에서 깨어
거리로 나와 생각합니다.
'고양이 도둑이 돌아왔어요.'

거기에 있던 진짜 도둑도 크게 소리칩니다.
'맞아요. 고양이 도둑이 이 사람들 속 어딘가에 있습니다.'
아무도 관심을 갖지 않습니다.

'내가 늘 너와 함께 있다'라는 말은
당신이 신을 찾을 때
신이 당신의 눈길 속에
당신의 자아보다 당신에게 더 가깝게,
눈길에 깃든 생각 속에
혹은 당신에게 일어났던 것들 속에 있으니
밖으로 나갈 필요가 없다는 의미입니다.

녹아가는 눈이 되세요.
당신에게서 당신 자신을 씻어내세요.

흰 꽃은 고요 속에서 자랍니다.
당신의 혀가 그 꽃이 되게 하십시오.

유리병

진짜 인간의 본질을 말하기 위해서는
하늘처럼 넓은 입과
그리움처럼 큰 언어가 필요합니다.

내 안에 있는 깨지기 쉬운 유리병이 종종 깨집니다.
내가 미쳐서 매월 달과 함께
사흘간 사라지는 것도 놀랄 일은 아닙니다.

당신하고 사랑에 빠진 누구에게나
그것은 늘 보이지 않는 나날들이니까요.

나는 내가 얘기하던 이야기의 가닥을 잃어버렸습니다.
나의 코끼리는 또다시 인도에서 돌아다니는 꿈을 꿉니다.
이야기, 시론, 파괴, 나의 몸
해체, 귀환.

친구여, 나는 당신의 이야기를 하려고

머리카락 하나 크기로 줄어들었답니다.
당신이 내 얘기를 하시겠습니까?
나는 너무 많은 사랑의 이야기를 만들어 냈습니다.
이제 나는 허구적인 것만 같습니다.
부디 나한테 얘기해주세요!
실제로 이야기를 하는 사람은 내가 아니라 당신입니다.
나는 시나이반도이고 당신은 그곳을 거니는 모세입니다.
이 시는 당신이 말하는 것의 메아리입니다.
한 조각의 땅은 뭘 말할 수도, 알 수도 없는 법이니까요!
가능하다고 해도 한계 내에서 그럴 뿐입니다.

몸은 영혼의 천문학을
계산하는 장치입니다.
천문 관측의를 통해서 보고
원대해지세요.

왜 이렇게 혼란스러운 얘기를 하냐고요?

헛소리는 내 잘못이 아닙니다.
당신이 그렇게 했으니까요.
당신은 내 사랑의 광기를 인정하나요?

그렇다고 말해주세요.
당신은 어떤 언어로 말할 건가요?
아랍어인가요, 페르시아어인가요,
아니면 어떤 언어인가요?
다시 한 번, 나는 묶여야 해요.
당신의 곱슬머리를 밧줄로 삼으세요.

이런 이야기가 있습니다.
'진실한 남자'는 자신의 헌 신발과
양가죽으로 된 옷을 바라봅니다.
그는 매일 다락에 올라가
작업할 때 신는 구두와 낡은 외투를 바라봅니다.
이것이 그의 지혜입니다.

자아와 오만에 취하지 않고
태초의 흙을 떠올리기 위한 것입니다.

그 신발과 옷을 찾아가는 것은
찬양입니다.

절대자는 아무것도 없이 일합니다.
작업장과 재료들은
존재하지 않는 것들입니다.

아무 것도 적혀 있지 않은 한 장의 종이가 돼보려고 하세요.
아무 것도 자라지 않는 한 뙈기의 땅,
절대자로부터 받은 씨가 심겨질 수 있는
한 뙈기의 땅이 되려고 해보세요.

우리는 어디에

보이지 않는 새가 날아오지만
그림자를 잠깐 드리우고 맙니다.

무엇이 몸일까요?
어떻게든
우주 전체를 담은 당신의 사랑,
그 그림자의 그림자.

어떤 남자가 깊은 잠을 자고 있습니다.
가두리 밑의 아름다운 술 장식처럼,
태양처럼,
안에서 뭔가가 타고 있음에도 말입니다.

그는 침대보 밑에서 돌아눕고 있습니다.
모든 형상은 거짓입니다.

깨끗한 붉은색 돌에서는 달콤한 맛이 납니다.

당신은 아름다운 입술에 입을 맞춥니다.
그런데 당신의 두려움의 자물쇠에
열쇠가 돌아갑니다.

입에서 나온 말은 곱게 다듬어집니다.

비둘기 어미가 둥지를 찾고 있습니다.
어디 있니? 어디 있니? 하면서.

사자가 누워 있는 곳.
남자든 여자든 울기 위해 찾아가는 곳.
병자가 낫기를 바라며 찾아가는 곳.

알곡을 까부르는 걸 도와줌과 동시에
배를 떠나보내는 바람이 일어나는 곳.

누군가가 '신만이 진짜야'라고 말하는 곳.

'장소'를 넘어서는 장소인 곳.

빛나는 직조기가 앞뒤로,
또 동서로 반짝거리며 움직이면서
베를 짜며 묻습니다.
'우리는 어디에 있는 거지?'
태양이 '우리가 어디에 있는 거지?'라고 말하듯이.

친구가 내 몸 속으로 와서
중심을 찾다가 찾지 못하자
칼을 꺼내
아무 곳이나 내리칩니다.

안에는 가벼운 한 톨의 씨가 있습니다.
그것을 당신의 것으로 채우십시오.
그렇지 않으면 그것은 죽습니다.

나는 소용돌이치는 힘 속에 갇혀 있습니다!
당신의 머리칼!
침착하거나 분별력이 있다면
그 사람은 미친 겁니다!

당신은 지금 내가 자신이 뭘 하는지
알고 있다고 생각하세요?
숨을 한 번 혹은 반쯤 쉴 때
내가 제 정신이라고 생각하세요?
펜이 자신이 쓰고 있는 것을 알거나
공이 어디로 가는지를 추측할 수 있는 것처럼 말인가요?

갈대피리의 노래

갈대가 얘기하는
이별의 이야기입니다.

"나는 갈대밭에서 잘린 후로
이렇게 울고 있습니다.

사랑하는 사람으로부터 떨어진 사람은
내가 무슨 말을 하는지 알 겁니다.

근원에서 뽑힌 사람은
돌아가기를 바랍니다.

나는 모임에 가서
웃고 슬퍼하며

모두에게 친구가 되어주지만
그 소리 안에 숨겨진 비밀을 듣는 사람은

거의 없습니다. 들을 귀가 없는 겁니다.
몸은 혼에서 흘러나오고

혼은 몸에서 흘러나옵니다. 그렇게 섞여
있다는 것은 숨겨져 있지 않습니다. 그러나 영혼을

'보는' 것은 우리에게 허용되는 게 아닙니다. 갈대피리는
바람이 아니라 불입니다. 그렇게 비어 있습니다."

당황스러움이 술에 녹아들듯이
갈대 소리 속에 얽혀 있는 사랑의 불을 들으세요.

갈대는 옷감이 찢어지고 치워지기를 바라는
모든 이에게 친구입니다.

갈대는 아프게도 하고 달래기도 합니다.
친밀함과 그것에 대한 동경이

하나의 노래가 됩니다. 처참한 굴복과
아름다운 사랑이 같이 있습니다.

이것에 은밀히 귀를 기울이는 사람은
무감각해집니다.

혀한테는 하나의 고객인 귀가 있습니다.
사탕수수 피리는 갈대밭에서

설탕을 만들 수 있었기에
그런 효과가 있는 겁니다.

그것이 만드는 소리는 모두를 위한 거랍니다.
부족한 것들이 많았던 나날들이 아무 걱정 없이 지나가게 됩니다.

그렇게 순수하고 깊은 소리 안에,
지금 당신이 있는 그곳에 머무르세요.

거대한 은총의 바다를 헤엄치면서도
바다를 갈망하는 이 고기들, 이 신비주의자들,

그들의 갈증을 제외하곤
모두의 갈증이 채워집니다.

그 안에 사는 사람은 누구나
날마다 자양분을 얻습니다.

그러나 갈대피리의 소리를
듣고 싶지 않은 사람이 있다면

여기서 대화를 그만 두고
작별인사를 하고 떠나는 게 최선입니다.

목마른 물고기

나는 당신한테 싫증이 난 게 아닙니다.
나를 가엾이 여기는 것에 지치지 마세요!

물 항아리, 물병,
갈증을 위한 모든 도구들을 보면
나에 대해 '싫증'이 날 게 틀림없습니다.

내 안에는 목마름을 충분히
해소할 방법을 찾지 못하는
목마른 물고기가 있습니다!

바다로 가는 길을 나한테 보여주세요!
이 부족한 수단들,
이 작은 그릇들을 부숴주세요.

이 모든 환상과
슬픔.

내 가슴의 중심에 숨겨져 있다가
지난 밤 뜰에서 솟구친 파도에
나의 집이 잠기게 하소서.

요셉은 내 우물에 달처럼 빠졌습니다.
내가 기대했던 수확물은 물에 쓸려갔습니다.
그러나 중요하지 않습니다.

나의 묘비 머리 위로 불길이 솟았습니다.
나는 학식도 위엄도
체면도 원치 않습니다.

나는 이 음악, 이 새벽,
내 볼에 닿는 당신의 따뜻한 볼을 원할 따름입니다.

슬픔의 무리들이 모여 있지만
나는 그들과 같이 가지 않습니다.

내가 시를 끝낼 때는
늘 이렇습니다.

거대한 침묵이 나를 압도하고
나는 왜 내가 언어를 사용할
생각을 했는지 싶습니다.

이 말이면 충분한가요

세상의 일부가 어떻게 세상을 떠납니까?
물기가 어떻게 물을 떠날 수 있습니까?

더 많은 불을 던지며
불을 끄려고 하지 마십시오!
피로 상처를 씻어내지 마십시오!

당신이 아무리 빨리 달려도
당신의 그림자는 따라옵니다.
때로는 그림자가 앞서기도 합니다!

오직 머리 위의 충만한 태양만이
당신의 그림자를 작아지게 합니다.

그러나 그림자는 당신을 섬기고 있습니다!
당신을 아프게 하는 것은 당신을 축복합니다.
어둠은 당신의 촛불입니다.

당신의 영역이 당신의 탐색입니다.

나는 이것을 설명할 수 있지만
그것은 당신의 가슴을 덮은 유리를 깨버릴 것입니다.
그리고 그것은 고칠 수 없을 것입니다.

당신은 그림자와 빛의 원천을 다 가져야 합니다.
경외하는 나무 밑에 당신의 머리를 누이십시오.
그 나무로부터 당신의 깃털과 날개가 나거든
비둘기보다 더 조용해지세요.
입을 벌리고 비둘기가 내는 소리도 내지 마세요.

뱀은 개구리가 물속으로 들어가면 잡을 수 없습니다.
다시 나와 개굴개굴 울면
그때서야 개구리를 향해 다시 나아갑니다.

개구리가 쉿 소리를 배웠더라도

뱀은 그 쉿 소리를 통해 자기한테 필요한
정보를 감지하고 그 밑에 있는
개구리의 목소리를 알아챌 겁니다.

그러나 개구리가 완벽하게 침묵하면
뱀은 다시 잠을 자러 갈 것이고
개구리는 보리밭에 도착할 수 있을 겁니다.

영혼은 침묵의 숨결에 거주합니다.

보리 알갱이를
땅에 묻으면
자라는 법입니다.

이 말로 충분합니까?
아니면 여기에서 얘기를 더 해야 하나요?
친구여, 내가 누구입니까?

공허를 위한 사랑

실존을 지워버리는 공허를 찬미합시다.
실존은 그 공허를 위한 우리의 사랑에서 만들어진
바로 이곳입니다.
그런데 어찌 된 일인지 공허가 오면
이 실존은 갑니다.
그런 일이 거듭하여 반복되는 것을 찬미합시다!

나는 수년 동안 공허에서 나의 실존을 끌어냈습니다.
그런데 팔을 한 번 내두르면
그 일이 끝납니다.
과거의 나로부터 자유로워지고
현존으로부터 자유로워지고
위험한 두려움과 희망으로부터 자유로워지고
수많은 부족함으로부터 자유로워집니다.

지금 여기에 있는 산은 공허 속으로 날려간
작은 지푸라기의 작은 조각입니다.

내가 말하고 있는 많은 것들이
의미를 잃기 시작합니다.
실존, 공허, 산, 지푸라기.
말들과 그것들이 의미하는 것들이
창문 밖으로 쓸려나가
경사진 지붕 아래로 떨어집니다.

고요

새로운 사랑 안에서 죽으세요.
당신의 길은 다른 쪽에서 시작됩니다.
하늘이 되세요.
도끼를 갖고 감옥 벽으로 가세요.
탈출하세요.
빛깔 속으로 갑자기 태어난 사람처럼 걸어 나가세요.
당장 그렇게 하세요.
당신은 짙은 구름으로 덮여 있습니다.
옆으로 빠져 나가세요.
죽어서 조용해지세요.
조용하다는 것은 당신이 죽었다는
확실한 증거입니다.
당신의 옛 삶은 침묵으로부터
미친 듯 달아나는 것이었습니다.

말이 없는 보름달이
지금 뜨고 있습니다.

양초

양초는 전적으로 불꽃이 되려고 만들어집니다.
그 소멸의 순간에는
아무 그림자도 없습니다.

그것은 피난처를 묘사하는
불의 혀일 뿐입니다.

막 만들어진 양초 토막을
우리가 주장하는 미덕과 악덕,
자부심과 치욕으로부터
마침내 안전해진 사람이라고 생각하세요.

나는 모든 장인匠人은 기술을 연마하기 위해서
거기에 있지 않은 것을 찾으려 하는 사람들이라고
말한 적이 있습니다.

집을 짓는 사람은 지붕이 내려앉을

썩은 구멍이 있는지 찾아봅니다.
물을 긷는 사람은 빈 항아리를 집어 듭니다.
목수는 문이 없는 집 앞에 멈춥니다.

일꾼들은 일손이 모자라는 기미가 있으면
달려가서 메꾸기 시작합니다.
그러나 그들의 희망은 공허를 위한 것입니다.
그러니 그것을 비워야 한다고 생각하지 마세요.
그 안에는 당신이 필요한 것이 담겨 있습니다!

당신들이 거대한 무無가 내면에 없는 친구들이라면
어째서 당신들은 늘 거기에 그물을 던지고
그렇게도 끈질기게 기다리는 것입니까?

보이지 않는 바다가 당신에게 그토록 많은 것을 줬지만
당신은 여전히 그것을 '죽음'이라고 부릅니다.
당신에게 생계와 일을 주는 것은 바로 그것입니다.

신은 놀라운 반전이 일어나도록 허락하셨습니다.
그래서 당신은 전갈 구멍을 욕망의 대상으로 보고
그 주변에 있는 아름다운 넓은 공간을 위험하고
뱀들이 우글거리는 곳으로 봅니다.

죽음과 공허에 대한 당신의 두려움은 그렇게 이상한 겁니다.
원하는 것에 대한 집착이 그렇게 도착된 것입니다.

당신의 불안에 대한 이야기를 내게서 들었으니 이제는
같은 주제에 대한 아타르의 이야기를 들어보십시오.

그는 마무드 왕에 관한 이야기를 이렇게 전했습니다.
그의 인도 원정 전리품 중에 힌두 소년이 있었습니다.
왕은 그를 아들로 삼았습니다. 그는 아이에게
교육을 시키고 왕실 가족으로 대우해
나중에는 부섭정副攝政으로 임명해
그의 옆에 있는 황금 옥좌에 앉혔습니다.

어느 날 그는 그 젊은이가 울고 있는 것을 보았습니다.
"어째서 우는 거냐? 너는 황제의 동반자다!
온 나라가 네 마음대로 할 수 있는 별들처럼
네 앞에 정렬해 있다!"

젊은이가 대답했습니다.
"저는 제 어머니와 아버지를 떠올리고 있습니다. 그분들은
위협적인 폐하에 관한 얘기로 어린 저를 겁먹게 했습니다.
'마무드 왕의 궁정으로 가다니! 그보다 지옥 같은 곳은 없을 거야!'
제가 여기에 앉아 있는 걸 보셔야 하는데
그분들은 지금 어디에 있을까요?"

이 사건은 변화에 대한 당신의 두려움에 관한 이야기입니다.
당신은 힌두 소년입니다.
'끝까지 찬미하라'라는 의미의 '마무드'는
영혼의 가난 내지 공허를 의미합니다.

어머니와 아버지는 믿음과 혈연,
욕망과 편안한 습관들에 대한
당신의 집착을 의미합니다.

그들에게 귀를 기울이지 마세요!
그들이 보호해줄 것 같지만
오히려 당신을 구속합니다.

그들은 최악의 적입니다.
그들은 당신이 공허 속에
사는 것을 두려워하게 만듭니다.

언젠가 당신은 궁전에서 기쁨의 눈물을 흘리며
당신의 잘못된 부모를 떠올릴 것입니다!

당신의 육체는 영혼을 양육하고
자라도록 돕고는 잘못된 충고를 합니다.

육체는 결국 평화로운 시절에 입는
방호용 사슬갑옷 조끼 같은 것입니다.
여름에는 너무 덥고 겨울에는 너무 춥습니다.

그러나 육체적인 욕망들은 다른 의미에서는
당신이 인내심을 갖고 대해야 하는
예측하기 어려운 동료와 같습니다.
그 동료는 당신에게 도움이 됩니다.
사랑하고 평화로움을 느끼는
당신의 능력을
인내심이 확장하기 때문입니다.

가시에 가까운 장미의 인내심은
장미를 향기롭게 유지해줍니다.
세 번째 해에도 여전히 새끼를 돌보는
낙타 수컷에게 젖을 주는 것은 인내심입니다.
예언자들이 우리에게 가르쳐준 것은

인내심입니다.

셔츠에 있는 정성스러운 바느질의 아름다움은
거기에 담긴 인내심입니다.

우정과 충성에는
관계에서의 인내심이라는 강점이 있습니다.

외롭고 비천한 느낌을 받는 것은
당신이 인내하지 않았다는 증거입니다.

꿀이나 젖과 섞이듯
신과 어울리며
"왔다가 가고
올라갔다가 내려가는 것은
내가 사랑하는 것이 아니다."라고
말하는 사람들과 같이 있으십시오.

예언자들을 창조하신 분 안에서 사십시오.
그렇지 않으면 당신은 길옆에서 혼자
타다가 꺼질 대상隊商들의 불과 같을 것입니다.

깃발은 없고

나는 내 말을 살 사람을 원하곤 했습니다.
이제는 누군가가 말로부터 나를 사갔으면 싶습니다.

나는 아름답고 심오한 형상들을 많이 만들었습니다.
아브라함이 나오는 장면들과
역시 존경받는 인물이었던
아브라함의 아버지
아자르가 나오는 장면들도 만들었습니다.
그런데 나는 내가 해온 것에 이제는 질렸습니다.

그때 형태가 없는 하나의 형상이 왔고,
나는 그만 뒀습니다.

가게를 지킬 다른 사람을 찾으십시오.
나는 형상을 만드는 일은 더 이상 하지 않습니다.

마침내 나는 미친 짓의

자유를 알게 되었습니다.

어쩌다가 형상이 찾아옵니다.
"꺼져!"
내가 소리치면 그것은 사라집니다.

사랑뿐입니다.
깃발을 꽂는 깃대만 있고
깃발은 없습니다.

게으른 아들

어떤 사람이 죽으며 세 아들에게 재산에 관한
유언을 했습니다.
그는 아들들한테 온 정성을 쏟은 사람이었습니다.
아들들은 그의 주변에 조용하고 단단한
삼나무들처럼 서 있었습니다.

"내 아들 중 가장 게으른 자에게
나의 모든 재산을 주시오."
그는 심판관에게 이렇게 말하고 죽었습니다.

심판관이 세 아들을 향해 말했습니다.
"세 사람은 자신이 얼마나 게으른지 내가 이해할 수 있게
자신의 게으름에 대해 설명해 보시오."

신비주의자들은 게으름이 전공입니다.
그들은 신이 자기들 주변에 계시는 걸 늘 보고 있으니까
그것에 의존합니다.

수확기가 계속 돌아와도
쟁기질조차 하지 않습니다!

“자, 당신들이 얼마나 게으른지 얘기해 보시오.”

입에서 나오는 말 하나하나는 자아의 덮개입니다.
커튼이 고기 한 조각보다 크지 않게 벌어져도
수백 개의 폭발적인 태양들이 보일 수 있습니다.
말이 사소하고 잘못되더라도
듣는 사람은 그 근원을 듣습니다.
한 줄기 미풍이 정원 너머에서 불어옵니다.
다른 미풍이 잿더미 너머에서 불어옵니다.
여우와 사자의 목소리가 얼마나 다르며
그것들이 당신에게 뭘 얘기하는지 생각해 보세요!

누군가의 말을 듣는 것은 냄비 뚜껑을 들어 올리는 것입니다.
당신은 저녁으로 뭘 먹게 될지 알게 됩니다.

어떤 사람들은 달콤한 스튜요리를
식초를 친 시큼한 수프로부터 구분하듯
냄새만으로 그것을 압니다.

사람은 질그릇을 사기 전에 깨진 곳이 있는지
두드려봅니다.

세 형제 중 큰아들이 심판관에게 말했습니다.
"저는 목소리로 사람을 알 수 있습니다,
만약 말을 하지 않으면 사흘을 기다립니다.
그러면 직관적으로 그를 알게 됩니다."

둘째 아들이 말했습니다.
"저는 상대의 말로 그를 압니다.
만약 그가 말을 하지 않으면 제가 말을 건넵니다."

"그렇지만 그 사람이 그 속임수를 알면 어쩌죠?"

심판관이 물었습니다.

"그것은 어머니가 아이한테 이런 말을 하는 것과 같습니다.
'밤에 묘지를 지날 때
귀신을 보거든 귀신을 향해 달려가라,
그러면 사라질 것이다.'

그러면 아이는 이렇게 대답합니다.
'귀신의 어머니가
귀신한테 똑같은 짓을 하라고 했다면 어떻게 되나요?
귀신들에게도 어머니가 있잖아요.'"

둘째 아들은 아무 대답도 하지 못했습니다.

심판관은 막내아들한테 물었습니다.
"그 사람이 아무 말도 하지 않게 되면
당신은 그 사람의 숨겨진 본성을 어떻게 알아낼 거요?"

"저는 그 앞에 아무 말 없이 앉아
인내심으로 만들어진 사다리를 만들겠습니다.
그리고 그가 있는 곳에서, 기쁨도 초월하고
슬픔도 초월한 언어가 저의 가슴에서 쏟아지기 시작하면
저는 그의 영혼이 예멘 위로 떠오르는 카노푸스 별처럼
깊고 밝다는 것을 알게 될 것입니다.
그리고 말들이 강력한 오른팔을 휘두르며
제 입에서 나오기 시작하면,
저는 제가 말하는 것과 말하는 방식을 통해
그 사람을 알게 될 것입니다.
우리 사이에 창문이 열리고 실존의 밤공기가
섞여질 것이기 때문입니다."

막내아들이 명백하게
가장 게으른 사람이었습니다.
그가 이겼습니다.

거대한 마차

당신의 얼굴을 보면, 돌들이 돌아가기 시작합니다!
당신이 나타나면 모든 공부가 산만해집니다.
나는 내 자리를 잃습니다.

물은 진주색으로 바뀝니다.
불은 꺼지고 파괴하지 않습니다.

당신이 있으면
나는 내가 원한다고 생각했던,
저기에 매달려 있는 세 개의 작은 램프를
원하지 않게 됩니다.

당신의 얼굴 속에서
옛 원고들은 녹슨 거울처럼 보입니다.

당신이 숨을 쉬면 새로운 형상들이 나타나고
봄처럼 넓게 펼쳐진 욕망의 음악이

거대한 마차처럼
움직이기 시작합니다.
천천히 모십시오.
옆에서 걷고 있는 우리 중 몇은
절름발이랍니다!

우리는 여느 다른 날들처럼 오늘도
공허하고 겁에 질려 잠에서 깨어납니다.
서재로 가는 문을 열고 읽기를 시작하지 마세요.
악기는 내려놓으세요.
우리가 사랑하는 아름다움이
우리의 행동이 되게 하세요.
무릎을 꿇고 땅에 입맞춤을 하는
수백 가지 방법이 있습니다.

잘잘못에 대한 생각을 넘어선 저 멀리에
들판이 있습니다.

나는 그곳에서 당신을 만나겠습니다.
영혼이 그 풀밭에 누우면
세계는 말로 표현하기에는 너무 충만합니다.
생각, 언어, '서로'라는 말조차도
아무 의미가 없습니다.

새벽에 부는 미풍에는
당신에게 얘기해줄 비밀들이 있습니다.
다시 잠들지 마세요.
당신은 자신이 정말로 원하는 것을 달라고 해야 합니다.
다시 잠들지 마세요.
사람들은
두 개의 세계가 만나는 문지방을 넘나들고 있습니다.
문은 둥글고 열려 있습니다.
다시 잠들지 마세요.

나는 당신과 입맞춤을 하고 싶습니다.

'입맞춤의 값은 당신의 삶입니다.'
이제 나의 사랑이 나의 삶을 향해
달려오며 소리칩니다.
'진짜 싸네요, 삽시다.'

그들은 당신이 영적인지 성적인지 말하려고 합니다.
그들은 솔로몬과 그의 부인들에 관해 궁금해 합니다.
그들은 세상의 몸에는 하나의 영혼이 있고
당신이 그 영혼이라고 말합니다.
그러나 우리는 서로의 내부에
누구에 의해서도 말로 표현되지 못할 방식들이 있습니다.

봄에 과수원으로 오세요.
석류꽃 속에는 빛과 포도주, 연인들이 있습니다.
당신이 오지 않는다면 이것들은 중요하지 않습니다.
당신이 온다면 이것들은 중요하지 않습니다.

봄은 그리스도입니다

모두가 밥을 먹고 잠들었습니다.
집은 텅 비었습니다.
우리는 정원으로 나가
사과가 복숭아를 만나게 하고
장미와 재스민 사이에 오가는 메시지를 전달합니다.

봄은 순교한 식물들을 그들의 수의로부터
들어 올리는 그리스도입니다.
고마움에 그들의 입이 열리고 입맞춤을 기다립니다.
장미꽃과 튤립이 빛나는 것은
등불이 안에 있다는 의미입니다.
이파리 하나가 흔들립니다.
나는 투르케스탄 비단처럼 아름다운 바람에 흔들립니다.
향로에 불길이 타오릅니다.

이 바람은 성령입니다.
나무들은 마리아입니다.

남편과 아내가 손을 놀리는 모습을 보십시오.
결혼식 때 그러하듯 아덴의 흐릿한 진주들이
연인들에게 던져집니다.

요셉의 셔츠 냄새가 야곱에게 도달합니다.
붉은 홍옥수 같은 예멘 사람들의 웃음이
메카에 있는 마호메트의 귀에 들립니다.

우리는 이런저런 얘기를 합니다.
분기점에 다다를 때를 제외하면 쉬지도 않습니다.

우리 촌장님

어떤 젊은이가 이런 말을 하며 돌아다녔습니다.
“현명한 분을 찾고 싶습니다. 저한테 문제가 있어서 그렇습니다.”

구경꾼이 말했습니다.
“우리 마을에는 말머리 인형을 타고
아이들과 노는 저 남자 말고는 똑똑한 사람이 없어요.
예리하고 엄청난 통찰력,
그리고 밤하늘처럼 거대한 위엄을 갖추고 있지만
아이들과 미친 듯이 놀면서 그것을 숨긴답니다.”

젊은 구도자는 아이들이 있는 곳으로 갔습니다.
“아이처럼 되신 어르신, 저에게 비밀을 가르쳐주십시오.”

“저리 가시오. 오늘은 비밀을 위한 날이 아니오.”
“하지만 부디 당신이 탄 말을 잠깐만 이쪽으로 돌리시지요.”

촌장이 말을 돌려 다가왔다.

"빨리 말하시오.
나는 이 말을 오랫동안 붙들고 있을 수 없소.
아이쿠. 이 말에 채이지 않도록 조심하시오.
이 말은 아주 거칠다오!"
젊은이는 그렇게 말도 안 되는 상황에서
심각한 질문을 할 수는 없을 것 같았습니다.
그래서 농담 삼아 말했습니다.
"저는 결혼하고 싶습니다. 이 거리에 적당한 사람 있나요?"

"세상에는 세 종류의 여자가 있다오.
둘은 슬픔이고 하나는 영혼의 보물이오.
첫 번째 여자는 결혼하게 되면 당신 것이오.
두 번째 여자는 반만 당신 것이고
세 번째 여자는 당신 것이 아니라오.
이 말이 당신 머리를 차기 전에
여기서 나가시오! 이제 마음 편히 먹으시오!"

촌장은 아이들을 향해 말을 타고 갔습니다.

젊은이가 소리쳤습니다.

"여자들에 대해 더 얘기해주세요!"

촌장이 말을 몰고 가까이 왔습니다.

"당신의 첫 번째 사랑인 처녀는 모두 당신 것이오.

그녀는 당신을 행복하고 자유롭게 만들어 줄 것이오.

아이가 없는 과부가 두 번째요.

그녀는 반만 당신 것이오.

당신에게 아무 것도 아닌 세 번째는 아이가 딸린 여자요.

그녀는 첫 남편과의 사이에서 아이를 낳았고,

그녀의 모든 사랑이 그 아이를 향하고 있소.

그녀는 당신과 아무 관계도 없을 것이오.

그러니 조심하시오.

물러나시오.

이 못된 놈을 돌려세워야겠소."

그는 이랴 소리를 내면서 돌아서며

아이들을 불렀습니다.

"선생님, 한 가지만 더 여쭙겠습니다!"

촌장이 돌아섰습니다.

"뭐요? 빨리 하시오! 저쪽에서 말을 타고 있는 이가
나를 필요로 하고 있소. 나는 사랑에 빠진 것 같소."

"선생님이 하시는 이 놀이는 무엇인가요?
왜 그렇게 지혜를 숨기시는 겁니까?"

"여기에 있는 사람들이
나보고 책임을 맡으라고 하는 거요.
그들은 나에게
재판관과 치안판사, 모든 책들의 해석자가
되어주기를 바라고 있소.
내가 갖고 있는 지식은 그걸 원하지 않는 데 말이오.
그것은 즐기기를 원할 뿐이오.
나는 사탕수수 농장임과 동시에 그 달콤함을 먹고 있다오."

얻어지는 지식은 이런 게 아닙니다.
그것을 가진 사람들은
청중이 좋아하는지 않는지를 걱정합니다.
그것은 인기에 대한 미끼입니다.
논쟁적인 지식은 손님들을 필요로 합니다.
거기에는 영혼이 없습니다.
호응을 하는 대중 앞에서는
확고하고 열정적이지만
아무도 없으면 기가 죽습니다.
유일한 진짜 손님은 신입니다.
당신의 달콤한 사탕수수인 사랑의 신을
조용히 씹으며 아이의 상태로 있으십시오.
당신의 얼굴은 박태기나무 꽃처럼
화사하게 빛나며 붉어질 것입니다.

연인이 수치스럽고, 미치고,
얼이 빠지게 놓아두세요.

멀쩡한 사람은 잘못될까봐 걱정하겠지만
연인은 그냥 두세요.

조용하고 밝은
갈대피리의 음악 소리가
밤새도록 들립니다.
그것이 희미해지면
우리도 희미해집니다.

완전한 망각

때때로 나는 교제라는 게 무엇인지
완전히 잊습니다.
나는 나도 모르게 미쳐서
모든 곳에 슬픈 에너지를 허비합니다.
나는 로맨스, 야한 농담, 전쟁, 공허 같은
다양한 방식으로 이야기를 합니다.

나의 건망증을 일정한 수로 잘게 쪼개면
이리저리 돌아다닐 것입니다.
내 마음을 떠도는 이 어두운 생각들은
어떤 계획의 일부일까요?
친구들이여, 조심하시오.
호기심이나 동정심에서 가까이 오지는 마시오.

베두인 부부

어느 날 밤 사막에서
가난한 베두인 여자가
남편에게 이런 말을 했습니다.

"우리만 빼고 모두가 행복하게
잘 살고 있어요! 우리한테는 빵도 없고,
양념도 없고. 물 항아리도 없어요.
옷도 거의 없고 밤에 덮을 담요도 없어요.
우리는 보름달이 케이크라고 상상하고
그것을 향해 손을 뻗어요!
거지들도 우리를 보고 난감해해요.
모두가 우리를 피한다고요.
아랍남자들은 너그러운 전사여야 하는데
당신의 비틀거리는 모습을 보세요!
손님이라도 오면
그가 잠든 사이에 낡은 옷이라도 훔쳐야 할 판이에요.
당신을 이곳으로 이끈 게 누구죠?

우리에게는 한 줌의 콩조차 없어요!
십 년 동안 살았지만 이게 우리의 현실이에요!"

그녀의 말이 이어졌습니다.
"신은 풍족한 분이시라는데,
우리는 사기꾼을 따르고 있는 게 틀림없어요.
누가 우리를 이끌고 있는 거죠?
늘 우리에게
'내일이면 계시가 너희에게 보물을 가져다 줄 것이다'라고 말하는
사기꾼이에요.

모두가 알고 있는 것처럼 신은 오지 않아요.
사기꾼을 따르는 제자가
신을 사칭하는 자를 능가하는 일은 아주 드물어요.
그러나 나는 이 가난이 우리에 대해 뭘 얘기를 하는지
아직도 알고 싶어요."

마침내 남편이 대답했습니다.
"당신은 얼마나 오래
돈에 관해 불평할 거요?
급류와 같은 우리 삶은 대부분 지나갔어요.
일시적인 것에 대해서는 걱정하지 말아요.
동물들이 어떻게 사는지 생각해보구려.

나뭇가지에서 고마움을 노래하는 비둘기.
화려한 노래를 쏟아내는 나이팅게일.
모기.
코끼리.
살아 있는 모든 존재는
음식을 주신 것에 신께 감사드리고 있소.

당신이 느끼는 고통들은 전령들이오.
그들에게 귀를 기울여 보구려.
그들의 말을 달콤한 것으로 만들구려.

저녁은 거의 끝났어요.
당신은 한때 젊고 만족하며 살았는데
이제는 항상 돈 생각만 하는구려.

당신이 바로 그 돈이었소. 건강한 덩굴이었소.
그런데 이제는 썩은 과일이군.
당신은 더욱 더 달콤해져야 하는데 나빠지고 말았소.
당신은 나의 아내로서 나와 대등해야 해요.
한 켤레의 구두처럼 말이오.
하나가 너무 꽉 조이면 소용이 없는 거요.

접이식 문의 두 문짝처럼
우리는 맞지 않으면 안 돼요.
사자는 늑대와 짝을 짓지 않는 법이오."

가난해도 행복한 남자는 새벽이 될 때까지
아내를 그렇게 나무랐습니다.

그러자 여자가 응수했습니다.
“나한테 고차원적인 얘기는 하지 말아요!
당신이 어떻게 행동하는지 보세요!
영적인 오만함은 세상에서 가장 추한 거예요.
눈이 와서 추워죽겠는데
옷까지 젖어 있는 것이나 마찬가지라고요!

너무 심해서 참을 수가 없네요!
이 사기꾼아, 나를 짝이라고 부르지 말아요!
당신은 뱀이면서
동시에 뱀을 부리는 자이지만
그걸 몰라요.
당신은 돈 때문에 뱀을 부르고
뱀은 당신에게 마법을 부리는 거예요.

당신은 신에 대해 많은 얘기를 하지만,
당신은 그런 말을 함으로써

내가 죄책감을 느끼게 만들고 있어요.
조심하는 게 좋을 거예요!
당신이 내 위에 군림하기 위해 그 말을 사용하면
그 말이 당신에게 해를 끼칠 테니까요."

남편은 그녀가 거칠게 쏟아내는 말들을 듣고 반격했습니다.
"여자여, 이 가난은 나의 가장 깊은 기쁨이오.
아무것도 가지지 않은 삶은 정직하고 아름답소.
그러니 우리는 아무 것도 감출 게 없소.
당신은 내가 실제로는 오만하고 탐욕스럽다고 하고
내가 뱀을 부리는 자이면서 뱀이라고 하는데
그러한 별명은 당신에게 해당하는 거요.

당신은 자신의 분노와 욕구 때문에
나한테서 그러한 것들을 보는 거요.
나는 이 세상으로부터 원하는 게
아무 것도 없는 사람이오.

당신은 스스로 빙글빙글 돌면서
집이 돈다고 생각하는 아이와 같소.

잘못 보는 것은 당신의 눈이오.
인내심을 갖게 되면
당신은 우리가 살아가는 방식에서
축복과 신의 빛을 보게 될 거요."
이러한 논쟁이 하루 종일 이어지고 또 이어졌습니다.

마음에 상처를 주는 이야기로 가득한 밤,
내가 숨기고 있는 최악의 비밀들.
모든 것은 사랑하고 안 하고의 문제입니다.
이 밤은 지나갈 것입니다.
그리고 우리에게는 해야 할 일이 있습니다.

최악의 습관

내가 가진 최악의 습관은
겨울에 너무 넌더리를 내는 통에
같이 있는 사람들에게 고통을 준다는 것입니다.
당신이 여기에 없으면 아무것도 자라지 않습니다.
나는 분명하지도 않습니다.
나의 말들은 엉키고 매듭이 집니다.

나쁜 물을 어떻게 치료합니까?
강으로 돌려보내는 겁니다.
나쁜 습관을 어떻게 치료합니까?
나를 당신에게 돌려보내는 겁니다.

물이 습관적인 소용돌이에 갇히면
바닥을 통해 바다로 가는 길을 내면 됩니다.
너무 심하게 다쳐서
희망이 없는 사람들에게만 주어지는
비밀 약이 있습니다.

희망을 갖고 있는 사람들이 이걸 알게 되면
무시당한다는 느낌을 받을 겁니다.

당신이 사랑하는 사람을
최대한 오래 바라보세요.
그 친구가 당신에게서 멀리 가든
당신을 향해 돌아오든
그것은 중요하지 않습니다.

당신의 목구멍이 두려움으로
수축되게 하지 마십시오.
죽음이 당신의 입을 닫기 전에
밤낮으로 조금씩 숨을 들이쉬세요.

설탕을 녹이는 분

지금이 그 시간이라면
설탕을 녹이는 분이시여,
나를 녹이십시오.
한 번의 손길이나 눈길로
그것을 부드럽게 해주십시오.
나는 매일 새벽에 기다립니다.
전에도 그랬으니까요.
혹은 처형을 하듯 갑자기 해주세요.
그렇지 않으면 내가
어떻게 죽음을 준비할 수 있겠습니까?

당신은 섬광처럼 몸 없이 숨을 쉽니다.
당신이 슬퍼하면
나는 더 가벼워지는 느낌을 받기 시작합니다.
당신은 당신의 팔로 나를 떨어져 있게 하지만
떨어져 있는 것은 나를 안으로 잡아당기는 것입니다.

햇빛을 창백하게 만드세요.
벽을 창백하게 만드세요.

사랑이 물러갑니다.
빛이 바뀝니다.

나는 내가 생각했던 것보다
더 많은 은총을 필요로 합니다.

한밤중의 이야기

한밤중에
나는 소리를 질렀습니다.
“내가 가진 이 사랑 안에
누가 사는 겁니까?”

당신이 말했습니다.
“내가 살지요. 그런데 나는 여기에 혼자가 아닌데,
다른 형상들이 왜 나와 함께 있는 건가요?”

내가 말했습니다.
“투르키스탄의 아름다운 치질 부족들이 서로를 닮듯이
그들은 당신의 그림자들입니다.”

당신이 말했습니다.
“하지만 ‘살아있는’ 이 존재는 누구인가요?”

“그것은 저의 상처받은 영혼입니다.”

이렇게 말하고 나는 그 영혼을 당신에게
포로로 데려다줬습니다.

나는 말했습니다.
"이 자는 위험합니다. 쉽게 풀어주지 마세요."

당신은 눈웃음을 치며
나에게 가느다란 실의 한쪽 끝을 주었습니다.
"세게 잡아당기세요. 그러나 끊어지지는 않게 하세요."

나는 당신에게 닿으려고 손을 뻗었습니다.
그러자 당신은 내 손을 내쳤습니다.
"저한테 왜 이렇게 심하게 하시는 겁니까?"
"좋은 이유에서 그래요.
그러나 당신을 내치려는 건 아니에요!
누구든 '저 여기 있어요'라고 말하면서
이곳에 들어오면 맞아야 한답니다.

여기는 양 우리가 아니에요.
여기에는 서로를 갈라놓는 거리가 없어요.
이곳은 사랑의 도피처예요.

당신의 눈을 비비고
사랑의 감정으로 사랑을 다시 보세요."

대화

당신이 물었습니다. "누구세요?"
내가 대답했습니다. "당신의 노예입니다."

"원하는 게 뭐죠?"
"당신을 보고 인사하는 것입니다."

"얼마나 오래 기다릴 건가요?"
"당신이 부를 때까지."

"얼마나 오래 요리를 하실 건가요?"
"부활의 날까지."

우리는 문 사이로 얘기를 했습니다.
나는 그것이 큰 사랑이라며, 그 사랑을 위해서
세상이 주는 것을 포기했다고 했습니다.

"그런 말을 하려면 증인이 있어야 해요."

"이 그리움과 눈물이 증인입니다."

"믿을 수 없는 증인이에요."

"절대 그렇지 않습니다!"

"누구와 같이 왔나요?"

"당신이 나한테 준 당당한 상상력과 같이 왔습니다."

"왜 온 거죠?"

"당신의 술 향기가 공기 중에 있었기 때문입니다."

"당신의 의도가 뭐죠?"

"우정입니다."

"당신이 나한테서 원하는 게 뭐죠?"

"친절입니다."

"당신은 어디에서 가장 편안했나요?"
"궁궐이었습니다."

"거기에서 뭘 보았죠?"
"놀라운 것들을 보았습니다."

"그렇다면 그곳은 어째서 그렇게 황량하죠?"
"모든 것이 순식간에 없어질 수 있기 때문입니다."

"누가 그렇게 할 수 있다는 거죠?"
"이 맑은 분별력입니다."

"그렇다면 당신은 어디에서 안전하게 살 수 있습니까?"
"체념 속에서."

"체념이라는 게 뭐죠?"
"우리를 구원하는 평화입니다."

"재앙의 위협은 없나요?"
"오직 당신이 사는 거리로 와서
당신의 사랑 안에 머무는 것만이 있습니다."

"당신은 어떻게 거기에서 걷죠?"
"완벽함 속에서요."

이제 침묵입니다. 내가 이 얘기를 계속하면
귀를 기울이던 사람들은 떠나갈 것입니다.

문도 없고
지붕도 없고
창문도 없을 것입니다!

아랍 왕

아랍 왕 이므라울카이스는 아주 미남인 데다
연애 시를 많이 쓴 시인이었습니다.

여자들은 필사적으로 그를 사랑했습니다.
모두가 그를 사랑했습니다.
그런데 어느 날 밤이었습니다.
그는 자신을 완전히 바꿔놓은
경험을 하게 되었습니다.
그는 왕국과 가족을 떠났습니다.
그는 수도사 옷을 입고
기후와 풍경이 다른 곳들을 떠돌았습니다.

사랑이 왕의 자아를 사라지게 하고
그를 타부크로 이끌었습니다.
그는 거기에서 한동안 벽돌을 만드는 일을 했습니다.
누군가가 타부크의 왕에게
이므라울카이스에 관한 얘기를 했습니다.

그러자 왕이 밤에 그를 찾아갔습니다.

"아랍 왕이고 이 시대의 미남인 요셉이여,
두 제국의 통치자여,
광활한 영토에다
아름다운 여성들이 많은 제국의 통치자여,
저와 함께 있어주시면 영광이겠습니다.
당신은 왕국 이상의 것을 원하기 때문에
왕국을 버리셨습니다."

타브크의 왕은 이렇게 말하며
이므라울카이스를 칭찬하고
신학과 철학에 관한 얘기를 했습니다.
이므라울카이스는 아무 말이 없었습니다.
그러다가 갑자기 몸을 기울여
왕의 귀에 대고 뭔가를 속삭였습니다.
그러자 그 왕도 떠돌이가 되었습니다.

그들은 손을 맞잡고 도시 밖으로 나갔습니다.
왕이 두르는 허리띠도, 왕관도 없었습니다.
사랑은 이런 것이고 이후로도 그러할 것입니다.

그것은 성인에게는 꿀 같은 맛이고
아이들에게는 우유 같은 맛입니다.
사랑은 마지막 남은 두툼한 곤포梱包입니다.
거기에 짐을 가득 채우면 배가 기우뚱거립니다.

그래서 그들은 작은 곡식알을 쪼는 새들처럼
중국을 돌아다녔습니다.
그들은 거의 말을 하지 않았습니다.
그들이 알고 있는 비밀이
위험하고 심각했기 때문이었습니다.

그 사랑의 비밀을 즐겁거나 화가 나서 말하게 되면
한 번에 수십만의 머리통이 잘려버립니다.

이 비밀의 언월도偃月刀가 접근해 오는 동안
사랑의 사자는 영혼의 풀밭에서 풀을 뜯습니다.
그것은 살아 있는 것보다 더 좋은 살인입니다.

그러한 강력한 힘이 실제로 원하는 것은
이러한 약점입니다.

그래서 이 왕들이 낮은 소리로
조심스럽게 얘기했던 겁니다.
그들이 말하는 것이 무엇인지는 신만이 아십니다.

그들은 말할 수 없는 말들을 사용했습니다.
새의 언어였습니다.
그러나 어떤 사람들은 그들을 흉내내어
새 소리를 흉내내는 법을 익히고 유명해졌습니다.

막힌 길

당신이 원하는 게 무엇인지 알면 좋겠습니다.
당신은 길을 막고 내가 쉬지 못하게 합니다.
당신은 나의 줄을 한 쪽으로 당겼다가 다른 쪽으로 당깁니다.
당신은 차갑게 행동합니다!
내가 무슨 말을 하는지 듣고 있나요?

오늘 밤의 얘기에 끝이 있을까요?
왜 나는 아직도 당신 때문에 당황하고 겁을 먹어야 하나요?
당신은 수천입니다.
당신은 하나입니다.
조용합니다.
그러나 가장 명확히 표현합니다.

당신의 이름은 봄입니다.
당신의 이름은 술입니다.
당신의 이름은 술에서 유래한
메스꺼움입니다!

당신은 내 눈에 나타난 의심이요
빛입니다.

당신은 모든 형상입니다.
그러나 나는 당신 때문에 향수에 젖습니다.

내가 거기에 갈 수 있을까요?
사슴이 사자를 덮치는 곳,
내가 쫓는 사람이 나를 쫓는 곳.

이 북과 이 말들이 계속 두드리고 있습니다!
그것들이 그들의 보호막을 뚫고
침묵 속으로 들어가면 좋겠습니다!

아이처럼

만약 나의 말들이 당신이 하게 될 말을 하지 않는다면
내 뺨을 때리세요. 다정한 어머니가 말도 안 되는 걸
옹알대는 아이에게 그러하듯 나를 훈련시키세요.

목마른 사람이 바다로 달려갑니다.
그런데 바다는 그의 목에 칼을 들이댑니다.

한 송이의 백합이 장미들이 피어 있는 둑을 보고
풀이 죽어 아무 말도 하지 않습니다.

나는 탬버린입니다.
빠른 춤이 시작될 때까지
나를 옆으로 치우지 마세요.
나를 계속 연주하세요.
그 작은 소리들로 나를 도와주세요.

요셉은 완전히 벗었을 때가

가장 아름답습니다.
그러나 몸이 당신에게
영혼의 물 위의 반짝거림을 얼핏 보게 만들듯
그의 셔츠는 당신에게 생각을 하게 만듭니다.

시신을 씻기는 사람이 나의 턱을 묶더라도
당신은 여전히 나의 죽은 침묵에서 나오는
이 노래를 듣게 될 것입니다.

당신과의 대화

오케스트라를 통틀어 가장 운이 좋은 게 누구일까요?
갈대입니다.
그 입술은 당신의 입술에 닿으며 음악을 알게 됩니다.
모든 갈대들, 특히 사탕수수는 이 기회만을 생각합니다.
그들은 수많은 방식으로 자유로운 춤을 추며
밭에서 흔들립니다.

당신이 없으면 악기들은 죽을 것입니다.
하나는 당신 가까이에 앉습니다.
다른 하나는 긴 입맞춤을 받습니다.
탬버린은 애원합니다.
'내가 내 자신일 수 있도록 내 살을 만져주세요.'
당신이 뼈 마디마디에 들어오는 것을 내가 느끼게 해주세요.
지난밤에 죽은 것이 오늘 온전해질 수 있게 해주세요.
더 침착하게 살면서 당신이 물러나는 것을 왜 느껴야 하나요?
나는 그러지 않을 겁니다.
이제 나는 당신과 계속적인 대화를 하는 게

어떤 것인지 알게 됐으니
나에게 충분한 술을 주든지
나를 혼자 있게 내버려 두세요.

음악

육십 년 동안 나는 매 순간 잊고 있었습니다.
그러나 나를 향한 이 흐름이 단 일 초도
멈추거나 느려진 적이 없습니다.
나는 아무 자격이 없습니다.
오늘 나는 내가 신비주의자들이 얘기하는 손님이라는 것을 압니다.
나는 내 주인을 위해 살아있는 음악을 연주합니다.
오늘은 모든 것이 주인을 위한 것입니다.

나는 지난 밤 모임에서 당신을 보았지만
당신을 공개적으로 껴안을 수 없었습니다.

그래서 나는 은밀한 이야기를 하는 척하며
당신의 볼 옆에 내 입술을 살포시 댔습니다.

천막

밖은 살을 에는 사막의 추운 밤입니다.
안에 있는 다른 밤은 따뜻하고 훈훈합니다.
모든 풍경이 가시 많은 껍질로 덮이게 하소서.
이 안에는 부드러운 정원이 있습니다.
부서진 대륙들,
도시들과 작은 읍내들,
이 모든 것들이 불에 타 새까만 공이 됩니다.
우리가 듣는 소식은
그러한 미래를 향한 슬픔으로 가득합니다.
그러나 안에 있는 진짜 소식은
아무 소식도 없다는 겁니다.

친구여,
우리의 가까움은
당신이 발을 내딛는 곳이 어디든
당신 발밑에 나를 느끼는 것입니다.

나는 당신이 아니라 당신의 세계를 봅니다.
이 사랑은 어떤 사랑입니까?

시 안에 있는 현존에 귀를 기울이고
그들이 당신을 끄는 대로 따라가십시오.

그러한 사적인 징후들을 따라가되
구내를 결코 떠나지는 마십시오.

동틀 녘의 루비

이른 아침,
새벽이 되기 직전에 연인들이
잠에서 깨어 물을 마십니다.

그녀가 묻습니다.
"당신은 나와 당신 중 누구를 더 사랑하나요?
진심을 말해 주세요."

그가 말합니다.
"남겨진 '나'는 없어요.
나는 햇빛을 향해 들린 루비 같아요.
그것이 아직도 돌인가요,
아니면 붉은색으로 된 세상인가요?
그것은 햇빛에 저항하지 않아요."

이것은 할라즈가 '내가 신이다'라고 하면서
진실을 얘기했던 것과 같습니다!

루비와 일출은 하나입니다.
용기를 갖고 스스로를 단련하세요.

완전하게 듣는 자가 되고 귀가 되세요
그리고 태양-루비를 귀걸이로 달고 다니세요.

일 하세요. 당신의 우물을 계속 파세요.
일을 멈추려고 하지 마세요.
물은 어딘가에 있습니다.

날마다 하는 일에 몰두하세요.
당신의 헌신이
문고리입니다.

계속 두드리세요.
안에 있는 기쁨이 결국 창문을 열고
누구인지 보려고 내다볼 테니까요.

음조

연인들에게는 충고가 도움이 안 됩니다!
그들은 당신이 댐을 만들 수 있는
산 속의 개울이 아닙니다.

지식인은 주정뱅이가 느끼는
감정을 알지 못합니다!

사랑 안에서 길을 잃은 사람들이
다음에 뭘 할지
생각해보려고 하지 마세요!

어떤 책임자라 하더라도
연인들이 뭔가를 하는 방에서
나오는 술 향기를 조금만 맡으면
자기가 가진 모든 힘을 포기할 겁니다!

그들 중 하나는 산에 구멍을 파려고 합니다.

하나는 학문적인 명예로부터 달아납니다.
하나는 유명한 콧수염을 비웃습니다!

삶은 이러한 아몬드 케이크를
맛보지 않으면 얼어붙습니다.
별들은 매일 밤 사랑에 어리둥절해져
빙글빙글 돌면서 나옵니다.
그렇지 않으면 그들은 회전하는 것에
싫증이 날 것입니다.
그들은 이렇게 말할 것입니다,
"우리가 얼마나 오래 이것을 해야 하는 거야!"
신은 갈대피리를 집어 들고 붑니다.
음조 하나하나는
우리 중 하나를 통해 나오는 필요이며
열정이고 그리움의 고통입니다.
바람의 숨결의 기원인
입술을 기억하고

당신의 소리가 깨끗해지게 하십시오.
그것을 끝내려고 하지 마십시오.
'당신의 소리가 되십시오.'
내가 그것이 어떻게 충분한지 보여드리겠습니다.

이 영혼의 도시에서
모두들 밤중에 지붕으로 올라가십시오.

'모두'가 지붕으로 올라가
자기 노래를 부르십시오!

큰 소리로 부르십시오!

화강암과 술잔

당신은 화강암입니다.
나는 빈 술잔입니다.
당신은 우리가 맞닿으면 무슨 일이 일어나는지 압니다!
떠오르는 태양이 사라지는 별을 보고 그러하듯
당신은 웃습니다.
사랑은 내 가슴을 열고
생각은 자신의 테두리 속으로 돌아갑니다.

인내와 합리적인 생각은 떠납니다.
열정만이 남아 울먹이며 애를 태웁니다.

어떤 남자들은 버려진 쓰레기처럼
길에서 무너져 내립니다.
그리고 다음 날 아침이면 완전히 무모해져
새로운 목적을 갖고 달려갑니다.
사랑은 현실입니다.
시는 우리를 자기에게로 부르는 북입니다.

외로움에 대해 불평하지 마세요!
그것에 관한 두려움의 언어가 깨져서 날아가게 하십시오.
사제가 탑에서 내려와 돌아가지 않도록 하십시오!

찬미

사랑이 나의 습관을 가져가버리고
나를 시로 채웠습니다.

'당신의 사랑 말고는 아무 힘이 없어요.'
나는 이 말을 조용히 반복하려고 했지만
그럴 수 없었습니다.

나는 손뼉을 치며 노래를 해야 했습니다.
나는 조신하고 정숙하며 안정적인 사람이었습니다.
그러나 누가 이 강한 바람 속에서
그런 것들을 기억할 수 있겠습니까?

산은 깊숙한 곳에 메아리를 둡니다.
나는 그런 식으로 당신의 목소리를 갖고 있습니다.

나는 당신의 불에 던져져
순식간에 연기가 되는 버려진 나무입니다.

나는 당신을 보고 공허해졌습니다.
실존보다 더 아름다운 이 공허가
실존의 흔적을 지워버립니다.
그러나 그것이 오면 실존은 무성해지고
더 많은 실존을 만들어냅니다!

하늘은 푸릅니다.
세계는 길바닥에 쭈그려 앉은 장님입니다.

그러나 당신의 공허를 보는 사람은 누구나
푸른 하늘과 장님 너머를 봅니다.

위대한 영혼은
마호메트나 예수처럼 자신을 숨기고
아무도 자신을 알지 못하는 도시에서
사람들 사이로 걸어갑니다.

찬미의 의미는
그 공허에 어떻게 굴복하는지를
찬미한다는 것입니다.

태양을 찬미하는 것은 당신의 눈을 찬미하는 것입니다.
바다를 찬미하는 것도 그렇습니다.
우리가 말하는 것은 작은 배가 됩니다.

그렇게 바다 여행이 계속됩니다.
어디로 가는지 누가 알겠습니까?
바다에 안기는 것만으로도 최고의 행운입니다.
그것은 완전한 깨어남입니다!

우리가 잠을 자고 있던 것을 왜 슬퍼해야 하나요?
우리가 얼마나 오래 의식이 없었는지는 중요하지 않습니다.

우리는 비틀거리지만 죄의식을 놓아버립니다.

당신 주변에서 부드러움이 움직이는 것을 느끼고
기뻐하세요.

땅 파는 사람

눈은 사물을 보기 위한 것입니다.
영혼은 기쁨을 위해 여기에 있습니다.
머리는 한 가지 용도밖에 없습니다.
진정한 사랑을 사랑하는 것입니다.
다리는 뒤따라가기 위한 것입니다.

사랑은 하늘 속으로 사라지기 위한 것입니다.
마음은 사람들이 행했고 행하려고 하는 것을
배우기 위한 것입니다.
신비는 풀리지 않게 되어 있습니다.
눈은 '이유'만을 알기 원하면
보이지 않게 됩니다.

연인은 늘 뭔가로 비난을 받습니다.
그러나 사랑을 찾으면
전에 보았을 때 안 보였던 것들이
완전히 바뀌어 돌아옵니다.

메카로 가는 길에는 많은 위험이 있습니다.
도둑들도 있고
바람에 흩날리는 모래도 있고
마실 것은 낙타 젖밖에 없습니다.
그래도 순례자는 순수한 갈망으로
그곳의 검은 돌에 입맞춤을 하고
자신이 원하는 입술의 맛을
표면에서 느낍니다.

이러한 이야기는
새 동전들을 발로 짓밟는 것과 같습니다.
진짜 일은 땅을 파는 누군가가 밖에서 하는데
동전들은 쌓여만 갑니다.

영빈관

인간은 영빈관입니다.
매일 아침 새로운 손님이 옵니다.

기쁨, 우울함, 비열함,
순간적인 깨달음이
예기치 않은 손님처럼 옵니다.

그들을 환영하고 즐겁게 해주세요!
비록 그들이 슬픔에 젖은 사람들이어서
당신의 집을 거칠게 쓸어버리고
가구들을 없애도
공손하게 대하십시오.
그가 당신에게 새로운 즐거움을
선사할지 모릅니다.

어두운 생각, 수치, 악의도
웃으면서 문가에서 맞아

안으로 청하십시오.

누가 오든 고마워하십시오.
저 위에서 안내자로 보내신 것이기 때문입니다.

누가 이 변화를

누가 이런 변화를 일으키는 것일까요?
나는 화살을 오른쪽으로 쏩니다.
그런데 왼쪽으로 갑니다.
나는 사슴을 쫓지만
멧돼지한테 쫓깁니다.
나는 원하는 것을 가지려고 음모를 꾸미지만
감옥에 가게 됩니다.
나는 다른 사람들을 잡으려고 구멍을 파지만
스스로가 빠집니다.

나는 내가 원하는 것에 대해
의심해야 합니다.

수도사

수도사가 어떤 집 문을 두드리고
마른 빵이든 축축한 빵이든
한 조각만 달라고 했습니다.
그러나 소용없었습니다.

"여긴 빵집이 아니오." 주인이 말했습니다.
"그럼 물렁빼라도 좀 있습니까?"
"여기가 푸줏간인 줄 아시오?"
"밀가루라도 좀."
"맷돌 소리라도 들은 거요?"
"물이라도 좀."
"여긴 샘이 아니오."

남자는 수도사가 달라고 하면 무엇이든
식상한 농담을 하며
아무것도 주지 않았습니다.

마침내 수도사가 집안으로 달려 들어가
똥을 싸려고 하는 것처럼 옷을 치켜 올리고
쭈그려 앉았습니다.

“뭐요, 뭐하는 거요!”
“조용히 하시오, 이 애처로운 사람아.
버려진 곳은 용변을 보기에 좋은 곳이잖소.
여기에는 살아 있는 것도 없고
먹고 살 방도도 없으니
거름 좀 줘야겠소.”

수도사는 자기가 묻고
자기가 대답하기 시작했다.

“당신은 어떤 새요?
왕을 위해 훈련된 매는 아니구려.
여러 개의 눈이 달린 공작새도 아니구려.

각설탕을 달라고 주절거리는 앵무새도 아니구려.
사랑에 빠진 사람처럼 노래를 하는 나이팅게일도 아니구려.
솔로몬에게 메시지를 가져온 오디새도 아니고
절벽에 둥지를 짓는 황새도 아니구려.

당신은 정확히 뭘 하며 삽니까?
당신은 알려진 종種이 아니구려.

당신은 당신이 가진 것을 지키려고
옥신각신 입씨름을 하고 농담을 하는구려.

당신은 뭘 소유하는 것에 관심이 없고
모든 인간관계에서
이득을 취하려 하지 않는
분을 잊었구려."

존재하지 않는 이집트

나는 그들에게 활활 타는 말로 얘기하고 싶지만
침묵을 지킵니다.
나는 몇 마디의 말로 두 세계를
한 입에 들이키려고 하지 않습니다.

나는 존재하지 않는
이집트를 내 안에 품고 있습니다.
그것이 좋은지 나쁜지는 알지 못합니다.

몇 년 동안 나는 눈으로 하는
성적 사랑은 버렸습니다.
지금은 그렇지 않습니다.
나는 어느 한 곳에 있지 않습니다.
내가 버리는 것을 뭐라고 해야 할지 모르겠습니다.
당신은 무엇이든 내게서 가져갈 수 있습니다.

예언자가 말했습니다.

"어떤 사람들은
내가 자기들을 보는 것과 똑같은 빛으로 나를 봅니다.
우리의 본성은 하나입니다.
혈통과 상관없이
책이나 전통과 상관없이
우리는 삶의 물을 같이 마십니다."

숨겨진 신비에 관한
이야기를 하나 들려드리겠습니다.

중국인들과 그리스인들이
예술가로서 어느 쪽이 나은지 논쟁을 하고 있었습니다.
왕이 말했습니다.
"토론으로 이 문제를 해결하겠소이다."

중국인들이 말하기 시작했습니다.
그런데 그리스인들은 아무 말도 하지 않고

그냥 그 자리를 떠났습니다.

그러자 중국인들은 예술 작업을 할 방을
각자에게 하나씩 달라고 했습니다. 마주 보는
두 개의 방을 주되 가운데를 커튼으로
가려달라고 했습니다.

중국인들은 왕에게
백 개의 다양한 물감을 달라고 했고
매일 아침 염색물이 놓여 있는 곳으로 와서
모두 가져갔습니다.
그리스인들은 아무 물감도 가져가지 않았습니다.
"그런 것들은 우리가 하는 작업의 일부가 아니랍니다."

그들은 자신들의 방에 가서
벽을 청소하고 닦기 시작했습니다.
그들은 그 벽들을 날마다 닦아서

맑은 하늘처럼 만들었습니다.

무수한 색깔들로부터 무색에
이르는 길이 있습니다.
구름과 날씨의 놀라운 다양함이
해와 달의 단순함에서 나온다는 것을 기억하십시오.

중국인들이 작업을 완성했습니다.
그들은 너무 행복했습니다.
그들은 작업을 끝냈다는 기쁨에 북을 두드렸습니다.
왕은 그들의 방에 들어가
화려한 색상과 세공을 보고 깜짝 놀랐습니다.

그때 그리스인들이 방 사이에 쳐 놓았던 커튼을 잡아당겼습니다.
중국인들의 형상과 이미지들이
그리스인들의 깨끗한 벽에 반짝이며 비쳤습니다.
심지어 더 아름답게, 빛에 따라서 매번 바뀌어 비쳤습니다.

그리스 예술은 수피 신비주의의 방식입니다.
그들은 철학적 서적을 연구하지 않습니다.

그들은 그들의 사랑을 점점 더 분명하게 만듭니다.
부족함도 없고 분노도 없습니다.
그 순수함 속에서
여기로부터,
별들로부터,
공허로부터
순간의 이미지들을 받아 비칩니다.

그들은 자신들을 보는 밝고 깨끗한 눈으로
그런 것들을 받아들입니다.

예술

나는 당신의 빛 속에서
사랑하는 법을 배우고
당신의 아름다움 속에서
시 쓰는 법을 배웁니다.

당신은 아무도 당신을 보지 않는
나의 가슴 속에서 춤을 춥니다.

그러나 나는 때때로 봅니다.
그렇게 보는 것이 예술이 됩니다.

바다의 너그러움

당신은 바다의 너그러움을 시샘하나요?
당신은 어째서 이 기쁨을
다른 사람에게 주지 않으려 하는 겁니까?

물고기들은 신성한 액체를 컵에 담아 놓지 않습니다!
그들은 거대하고 부드러운 자유를 헤엄칩니다.

병아리콩

끓고 있는 솥 가장자리로
병아리 콩 하나가 툭 튀어나옵니다.

“나한테 왜 이러는 거니?”
요리사가 주걱으로 그를 때립니다.
“뛰어나가려고 하지 마.
너는 내가 너를 괴롭히고 있다고 생각하겠지만
사실은 너한테 맛을 주는 거야.
양념하고 쌀과 섞여서
인간에게 아름다운 활기를 주도록 말이야.
네가 정원에서 빗물을 마셨던 때를 생각해봐.
그것은 이걸 위한 것이었어.”

은총이 먼저입니다.
성적인 즐거움,
그 다음에 비등하는 새로운 삶이 시작됩니다,
그리고 친구에게는 좋은 먹을거리가 생깁니다.

결국 병아리 콩은 요리사에게 이렇게 말할 것입니다.

"나를 조금 더 때려요.

주걱으로 때려요.

나 혼자서는 할 수 없으니까요.

나는 인도에 있는 정원을 생각하느라

자기를 다루는 사람에게는 관심을 두지 않는 코끼리 같아요.

당신은 나의 요리사요,

나를 모는 사람이요,

존재에 이르는 나의 길입니다.

나는 당신의 요리가 좋아요."

요리사가 말합니다.

"나도 한때는 땅에서 막 올라온 너 같았어.

그리고 두 종류의 끓음이 있었지.

시간 속에서 끓는 것과 몸속에서 끓는 것.

나의 동물 영혼은 강력해졌어.

나는 연습을 통해 그걸 통제하고

조금 더 끓이고 또 한 번 더 끓였어.

그래서 너의 스승이 된 거야."

나의 스승

지난밤 나의 스승은 나에게
아무것도 갖지 않고 아무것도 원하지 않는
가난의 교훈을 가르쳐줬습니다.

나는 붉은 비단 옷을 입고
루비 광산 안에 서 있는 벌거벗은 사람입니다.
나는 반짝임을 빨아들입니다.
이제 나는 내 안에서 움직이는
수십억 개의 동시적인 움직임들을 봅니다.
사랑스럽고 조용한 사람들의 무리가
내 손에 낀 반지가 됩니다.

그러자 바람과 비를 동반한 천둥이 다가옵니다.
내게는 그런 스승이 있습니다.

너그러움

나는 죽었고, 그 다음엔 살아 있습니다.
울음, 그 다음엔 웃음.

사랑의 힘이 내게 들어왔고
나는 사자처럼 사나워졌고
그 다음엔 저녁별처럼 부드러워졌습니다.

그가 말했습니다.
"당신은 충분히 미치지 않았습니다.
당신이 있을 곳은 이 집이 아닙니다."

나는 사나워져 묶어 놓아야 했습니다.
그가 말했습니다.
"당신은 우리와 같이 있기에는
아직도 충분히 사납지 않습니다!"

나는 다른 층을 뚫고

즐거움 속으로 들어갔습니다.

그가 말했습니다.
"그것도 충분하지 않습니다."
나는 죽었습니다.

그가 말했습니다.
"당신은 환상과 의심으로 가득한
영리한 작은 남자입니다."

나는 깃털들을 뽑아버리고 바보가 되었습니다.
그가 말했습니다.
"이제 당신은 이 모임을 위한
촛불입니다."

그러나 나는 촛불이 아닙니다.
보세요!

나는 흩어진 연기입니다.

그가 말했습니다.
"당신은 스승이고 안내자입니다."
그러나 나는 스승이 아닙니다.
나에게는 아무 힘도 없습니다.

그가 말했습니다.
"당신에게는 이미 날개가 있습니다.
나는 당신에게 날개를 달아줄 수 없습니다."

그러나 나는 '그의' 날개를 원했습니다.
나는 날지 못하는 닭 같았습니다.

그때 새로운 사건들이 나에게 말했습니다.
"움직이지 마시오. 숭고한 너그러움이
당신을 향해 오고 있습니다."

그리고 옛 사랑이 말했습니다.
"나와 함께 있어줘요."
내가 말했습니다.
"그럴게요."

당신은 햇빛의 원천입니다.
나는 땅 위의 버드나무 그림자입니다.
당신은 나의 남루함을 매끄러움으로 바꿔놓습니다.

새벽녘의 영혼은
'감사합니다, 감사합니다'라고
서서히 말하기 시작하는
검은 물 같습니다.

그리고 다시 해질녘이 되자
금성은 서서히 달로 바뀌고
밤하늘이 펼쳐집니다.

이것은 당신의 미소에
화답하는 미소로 다가옵니다.

체스의 장인은
무언의 말을 움직이는 것 말고는
아무 말도 하지 않습니다.

내가 게임전략의 일부라는 사실이
나를 너무 행복하게 합니다.

이런 거죠

누군가가 당신에게 모든 성적 욕구의
완벽한 만족이라는 것이 어떤 것이냐고 물으면
얼굴을 들고 대답하세요.
'이런 거죠.'

누군가가 멋진 밤하늘에 대해 얘기하면
지붕 위로 올라가 춤을 추며 말하세요.
'이런 건가요?'

누군가가 '영혼'이 무엇인지
혹은 '신의 향기'가 무슨 의미인지
알고 싶어 하거든
당신의 고개를 그 사람을 향해 기울이고
얼굴을 바짝 대고 말하세요.
'이런 거죠.'

누군가가 달을 차츰차츰 가리는 구름에 대한

오래 된 시적 이미지를 인용하거든
당신의 옷끈을 천천히 풀고 말하세요.
'이런 건가요?'

누군가가 어떻게 예수가
죽은 사람을 일으켜 세웠는지 궁금해 하거든
그 기적을 설명하려고 하지 마세요.
내게 입맞춤을 하세요.
'이런 거죠, 이런 거죠.'

누군가가 사랑을 위해 죽는 게
무슨 의미인지 알고자 하거든
손가락으로 가리키며 말하세요.
'여기요.'

누군가가 나한테 내 키가 얼마나 되느냐고 물으면
얼굴을 찡그리고 당신의 이마 주름 사이를

손가락으로 재며 말하세요.
'이렇게 커요.'

영혼은 때때로 몸을 떠났다가 돌아옵니다.
누군가가 그걸 믿지 않으려 하면
내 집으로 다시 오세요.
'이렇게요.'

연인들이 신음할 때
그들은 우리의 이야기를 하는 겁니다.
'이렇게요.'

나는 영혼들이 사는 하늘입니다.
미풍이 비밀을 얘기하는 동안
깊어지는 푸른 하늘을 바라보세요.
'이렇게요.'

누군가가 할 일이 뭔지 물으면
그의 손에 들린 초에 불을 붙이세요.
'이렇게요.'

요셉의 향기가 어떻게 야곱한테 닿았죠?
'후우우우우.'

요셉의 시력이 어떻게 돌아왔죠?
'후우우우우.'

미풍은 눈을 깨끗하게 합니다.
'이렇게요.'

타브리즈에서 돌아오면
샴스*는 문 가장자리에 고개를 대고

* 루미의 시에 영감을 준 타브리즈(이란) 출신의 방랑 수도자. 루미가 시에 눈을 뜬 것도 그렇고, 방대한 양의 시를 남길 수 있었던 것도 샴스 때문이었다. 샴스는 루

우리를 놀라게 할 거예요.

'이렇게요.'

미보다 2-30년 정도 나이가 많았다.

생쥐와 낙타

생쥐가 낙타의 고삐를 앞발로 잡고
마부를 흉내 내며
걸어갔습니다.

낙타는 쥐가 의기양양해 하도록 놔두고
따라갔습니다.

낙타는 생각했습니다.
"그래, 즐겨라
곧 너한테 가르쳐줄 게 있을 테니까."

그들은 큰 강가에 이르렀습니다.
쥐는 아연실색했습니다.

"뭘 기다리는 거니?
강으로 어서 들어가. 네가 나를 끌고 있잖아.
여기에서 멈추면 안 되지."

"물에 빠져 죽을까 겁나서 그래."

낙타가 물속으로 걸어들어 갔습니다.
"무릎밖에 안 차네."

"무릎이라니! 네 무릎은
내 머리보다 백 배는 크잖아!"

"그렇다면 너는 낙타를 끌면 안 되는 거야.
같은 부류와 있어야지.
생쥐는 정말이지 낙타한테 말할 게 아무것도 없잖아."

"내가 건너는 걸 네가 도와줄 거니?"

"내 등에 올라타. 나는 너 같은 자를 수백씩 건너도록 만들어졌단다."

당신은 예언자가 아닙니다.
그러나 예언자들의 길을 겸손하게 가십시오.
그러면 그들이 있는 곳에 도착할 수 있을 것입니다.
배를 저으려고 하지 마세요.
스스로 가게를 열지 마십시오.
들으십시오.
계속 들으십시오.
당신은 신의 대변인이 아닙니다.
귀가 되려고 하십시오.
말을 하게 되면 설명해달라고 하십시오.

당신의 오만함과 분노의 근원은 당신의 욕망이고
그것의 뿌리는 당신의 습관에 있습니다.

흙을 먹는 습관이 있는 사람을 제지하면
그 사람은 미치게 됩니다.
지도자가 되는 것도 해로운 습관일 수 있습니다.

누군가가 당신의 권위에 의문을 제기하면
당신은 그가 자리를 넘본다고 생각할 것입니다.
정중하게 응수할지 모르지만
속으로는 분노로 끓을 것입니다.

가슴의 주인과 함께
당신의 내적 상태를 늘 점검하십시오.
구리는 금으로 바뀔 때까지는
자신이 구리인지 모릅니다.

당신의 사랑은 무력함을 알 때까지는
자신이 가진 위엄을 알지 못합니다.

친구가 준 이 선물들,
피부와 핏줄로 된 옷,
그 안에 있는 스승,
그것을 지니고

가까이에 있는 더 위대한 스승과 함께
학교가 되십시오.

절름발이 염소

당신은 물가로 내려가는
염소 떼를 보았을 겁니다.

몽롱한 표정의 절름발이 염소가
뒤를 따라갑니다.

그 주변으로 걱정스러운 얼굴들이 보입니다.
그런데 그들이 지금은 웃고 있습니다.

돌아올 때 보니까
염소가 앞에 가고 있습니다!

다양한 종류의 지식들이 있습니다.
절름발이 염소의 지식은 현존의 뿌리를 향해
자리를 찾아가는 나뭇가지입니다.

절름발이 염소에게서 배워
집으로 무리를 인도하세요.

사랑스러운 개

어떤 사람이 밤에 울고 있었습니다.
알라! 알라!
그의 입술은 알라에 대한 찬사의 말로 달콤해졌습니다.

누군가가 비꼬며 말했습니다.
“그래! 나는 당신이 외치는 소리를 들었소만
무슨 응답이라도 있었던 거요?”

그 말에 남자는 대답할 말이 없었습니다.
그는 기도를 멈추고 당혹스러운 잠에 빠졌습니다.

그는 꿈속에서 무성한 녹색 나뭇잎들 사이에 있는
영혼의 안내자인 키드르를 보았습니다.

“왜 기도를 멈췄던 것이냐?”
“아무 것도 받지 못했기 때문입니다.”
“네가 표현하는 이 갈망이
돌아오는 메시지야.”

당신의 슬픔에서 나오는 절규가
당신을 합일로 이끕니다.
도움을 원하는
당신의 순수한 슬픔이
비밀의 잔입니다.

주인을 찾는 개의 신음소리를 들어보세요.
그 신음소리가 연결고리입니다.

아무도 이름을 모르는
사랑스러운 개들이 있습니다.

그들 중 하나가 되는 데
당신의 삶을 바치세요.

절규는 자산이다

용이 곰을 끔찍한 입 속으로 넣고 있었습니다.
용맹스러운 사람이 가서 곰을 구했습니다.

울부짖는 사람을 구하려고 달려가는
사람들이 세상에는 있습니다.
자비 그 자체처럼
그들은 비명을 향해 달려갑니다.

그들을 매수할 수는 없습니다.
그들에게 "왜 그렇게 빨리 왔냐?"라고 물으면
그들은 "당신의 무기력한 소리를 들었기 때문"이라고
답할 겁니다.

물은 지대가 낮은 곳으로 흐릅니다.
모든 약은 고통을 치료하려고 합니다.

하나의 자비만 달라고 하지 마세요.

자비들이 쏟아져 들어오게 하세요.
하늘이 당신의 발밑에서 열리게 하세요.
당신의 귀를 막은 솜,
위로의 솜을 빼내세요.
당신이 천상의 음악을 들을 수 있도록.

당신의 눈에서
머리칼을 치우세요.
당신의 코에서
당신의 뇌에서
담痰을 빼내세요.

바람이 불게 놔두세요.
불쾌한 열의 찌꺼기가 남지 않게 하세요.
당신의 남성성이 나오도록
백 개의 새로운 존재들이
당신에게서 나오도록

무력증을 치료하세요.

영혼의 발을 묶은 것을 찢어버리고
사람들이 모인 경주로를 달리게 하세요.
당신의 목을 죄고 있는 탐욕의 매듭을 풀어주세요.
새로운 행운을 받아들이세요.

당신을 돕는 자에게
당신의 나약함을 주어버리세요.

큰 소리로 절규하고 우는 것은 거대한 자산입니다.
유모가 하는 일은 오직 아이의 소리를 기다리는 것입니다.
아이가 조금만 칭얼거려도 달려갑니다.

신은 당신의 부족함이라는 아이를 창조하셨습니다.
그래서 울도록, 울어서 축축해져 나오도록 말입니다.

불평하세요!
고통스러운데 가만히 있지만 마세요.
슬퍼하세요!
사랑의 젖이
당신에게 흘러들게 하세요.

거센 비와 바람은
구름이 우리를 돌봐야 하는
방법들이랍니다.

인내심을 가지세요.
당신의 영혼을 흥분시키는
모든 부름에 응답하세요.

당신을 무섭게 하고 슬프게 하는 자들과
당신의 품위를 떨어뜨려 질병과 죽음으로
다시 몰고 가는 자들은 무시하세요.

목욕탕의 남자

나수라는 이름의 남자가 있었습니다.
그의 직업은 목욕탕에서 여자들의 머리를 감기는 일이었습니다.
얼굴은 여자 같았지만 여성적이지는 않았습니다.
그러나 그는 일자리를 지키려고 남성성을 숨기고 살았습니다.

그는 머리를 감길 때 여자들을 만지는 걸 좋아했습니다.
그는 아름다운 여자들을 마사지하며
늘 성적으로 흥분해 있었습니다.
특히 공주와 시녀들을 마사지할 때 그랬습니다.

때때로 그는 그렇게 욕망에 끌리지 않도록
직업을 바꿔 다른 일을 하는 걸 생각해보았지만
그만 둘 수 없었습니다.

그는 신비주의자 성인에게 가서 말했습니다.
"저를 기도 중에 기억해주세요."

그 성인은 영적으로 자유롭고
신과 통하는 사람이었습니다.
그는 나수의 비밀을 알았지만
신의 부드러움을 갖고 있어서
아무 말도 하지 않았습니다.

신비주의자는 거의 말을 하지 않지만
내면은 신비로 가득하고 목소리들로 혼잡합니다.
그러한 잔을 받는 자는 누구든 침묵을 지킵니다.

성인은 부드럽게 웃고 큰소리로 기도했습니다.
"주님, 이 사람이 생각하는 것처럼
이 사람의 삶을 바꿔주세요!"

그러한 사제의 기도는 다른 기도들과 다릅니다.
그는 자신의 자아를 완전히 없애고 무無로 만듭니다.
그래서 그가 말하는 것은

신이 신에게 말을 하는 것과 같습니다.
어떻게 그러한 기도가 받아들여지지 않을 수 있겠습니까?

나수를 바꿀 묘책이 발견되었습니다.
그가 벌거벗은 여자를 위해
대야에 물을 붓고 있을 때였습니다.
여자는 자신의 귀걸이에서
진주 하나가 없어진 걸 알았습니다.

그들은 재빨리 문을 잠그고
방석, 수건, 양탄자, 버려진 옷들을 들춰보았습니다.
그런데 아무것도 나오지 않았습니다.

이제 그들은 귀와 입, 신체의 오목한 곳과 구멍까지
모두 수색합니다.

모두가 옷을 벗게 됩니다.

여왕의 시녀가 벌거벗은 여인들을
하나씩 차례로
조사합니다.

그 사이, 나수는 떨면서
자기 방으로 물러났습니다.

"나는 진주를 훔치지 않았지만
그들이 내 옷을 벗기고 수색하면
내가 이 벌거벗은 여자들을 보며
얼마나 흥분해 있는지 탄로나겠구나.
하느님, 제발 저를 살려주세요!
제가 비정하고 음란했지만
이번만은 제 죄를 덮어주세요!
저의 행적이 드러나지 않도록 해주세요.
회개하겠습니다!"

그는 울고 신음하고 웁니다.
그 순간이 그에게 다가옵니다.
"나수! 당신 말고는 모두를 수색했다.
나와라!"

그 순간 그의 영혼에 날개가 돋고
그의 몸이 떠오릅니다.
그의 자아가 무너진 벽처럼 무너집니다.
그는 하느님과 하나가 됩니다.
살아 있지만 나수를 털어낸 채로 말입니다.

그의 배가 가라앉고 그 자리를 파도가 차지합니다.
그의 몸의 치욕이
매의 느슨해진 끈처럼
매의 발에서 떨어집니다.

그의 돌들은 물을 마십니다.

그의 벌판은 금색 실이 있는 공단처럼 빛납니다.
백 년 전에 죽은 누군가가
건강하고 잘 생긴 모습으로 나타납니다.
부러진 막대기가 꽃봉오리로 바뀝니다.

이 모든 것이 나수의 내면에서 일어납니다.
너무 두려워서 울부짖은 다음에 말입니다.

긴긴 멈춤.
기다리는 긴긴 침묵.

여자들 중 하나가 소리칩니다.
“여기 있어요!”
목욕탕은 박수소리로 가득해집니다.
나수는 그 앞에 새로운 삶이 반짝이는 걸 봅니다.

여자들이 와서 사과합니다.

"당신을 믿어 주지 않아 너무 미안해요.
우리는 당신이 진주를 가져갔다고 생각했어요."

그들은 어떻게 그를 의심하게 되었는지 얘기하며
그의 용서를 빌었습니다.

마침내 그가 말합니다.
"저는 어느 누가 생각했거나 말한 것보다도 더 죄가 많습니다.
저는 세상에서 가장 나쁜 사람입니다.
여러분이 말한 것은
제가 정말로 했던 것의 백분의 일도 안 됩니다.
저한테 용서해달라고 하지 마십시오.

당신들은 저를 모릅니다. 아무도 저를 모릅니다.
하느님이 저의 비열함을 숨겨주셨습니다.
악마가 저에게 속임수를 가르쳤습니다.
조금 지나자 그런 것들이 너무나 쉬워졌습니다.

제가 악마에게 새로운 방법을 가르쳐주기도 했습니다.
하느님은 모든 것을 다 보셨지만 제 죄를 드러내지 않게 하셨습니다.

이제 저는 다시 온전해졌습니다!
제가 했던 것이 무엇이든
이제부터는 하지 않겠습니다.
제가 복종하지 않았던 것이 무엇이든
이제부터는 복종하겠습니다.
저는 갑자기
삼나무처럼
백합처럼
순수하고 고귀하고 자유로워졌습니다.

저는 말했습니다. '아 안 돼요! 도와주세요!'

'아, 안돼요!'라는 말은 저의 우물에 내려온
밧줄이었습니다. 저는 그것을 타고 올라와

이 햇볕 속에 서 있습니다.
저는 한 순간 축축하고 두려운 바닥에 있었지만
이제는 이 우주에 담기지 않을 정도가 되었습니다.
제 몸에 난 털 하나하나가 말을 할 수 있다고 해도
저는 제대로 고마움을 표현할 수 없을 것입니다.

이 거리와 정원 한가운데 서서
저는 이렇게 거듭 말하고 싶습니다.
'제가 아는 것을 모두가 알 수 있으면 좋겠습니다.'
이게 제가 하고 싶은 말의 전부입니다."

모세와 양치기

양치기가 길에서 기도하는 소리를 모세가 들었습니다.

"하느님, 당신은 어디에 계십니까?
당신을 돕고 싶습니다.
당신의 신발을 수선해주고
당신의 머리를 빗겨드리고 싶습니다.
옷을 빨아주고 이를 잡아주고 싶습니다.
주무실 시간이 되면 우유를 가져다드리고
당신의 작은 손과 발에 입맞춤을 해드리고 싶습니다.
당신의 방을 청소해 산뜻하게 해드리고 싶습니다.
하느님, 저의 양들과 염소들은 당신의 것입니다.
당신을 떠올리며 제가 할 수 있는 건
*아이이이, 아아아아아아아아아*라는
말뿐입니다."

모세는 더 이상 참을 수 없었습니다.
"너, 지금 누구한테 말하는 거니?"
"우리를 만드시고

땅을 만드시고 하늘을 만드신 분이죠."

"하느님한테 신발이나 양말 얘기 하는 거 아니다!
'당신의 작은 손과 발'이라니 대체 그게 무슨 말이냐?
그렇게 신성모독적인 평범한 것들을 얘기하다니
마치 네 삼촌들한테 얘기하는 것 같구나.
자라는 것만이 우유를 필요로 하느니라.
하느님은 그렇지 않으시다.
설령 네가 하느님의 대변자로
'내가 아팠는데 너는 찾아오지 않았다'는 하느님의 말씀을
전했다 해도 이런 어조는 어리석고 불경스러운 것이다.

적절한 말을 사용해라.
파티마라는 이름은 여자에게는 좋은 이름이지만,
남자에게 파티마라고 하면 모욕이 되는 거다.
신체와 관련된 말은
강의 이쪽 편에 사는 우리에게는 맞지만

모든 것의 근원이신 알라께는 맞지 않다."

양치기는 자신을 뉘우치면서
옷을 쥐어뜯고 한숨을 쉬었습니다.
그리고 사막으로 가서 돌아다녔습니다.

갑자기 모세에게 계시가 있었습니다.
하느님의 목소리가 들렸습니다.
"너는 내 사람들 중 하나에게서
나를 떼어 놓았다.
너는 예언자로서 결합시키려고 온 거냐,
떼어놓으려고 온 거냐?
나는 각자에게 지식을 보고 알고 말하는
독특한 방식을 주었느니라.

너에게 잘못된 것처럼 보이는 것이 그에게는 옳다.
한 사람에게 독인 것이 다른 사람에게는 꿀이다.

경배를 하는 데
순수와 불순, 게으름과 부지런함,
이런 것들은 내게 아무 의미가 없다.

나는 그런 모든 것들로부터 떨어져 있다.
경배의 방식은 다른 사람보다 좋거나 나쁘지도,
서열이 매겨지는 것도 아니다.

힌두교도들은 힌두교 방식으로 한다.
드라비다 무슬림들은 그들의 방식으로 한다.
모두가 찬양한다. 그러면 되는 거다.

경배를 할 때 영광스러워지는 것은 내가 아니다.
경배를 하는 사람들이다!
나는 그들의 말을 듣는 게 아니다.
겸손한 속마음을 보는 것이다.

훤히 보이는 저열함은 언어가 아니라 현실이다!
어법은 잊어라.
내가 원하는 건 불타는 마음이다.

그 타오름과 친구가 되어라.
너의 생각과 표현의 방식들을 태워 버려라!

모세야,
행동과 말을 하는 방식에
관심을 갖는 사람들이 한 부류라면
타오르는 연인들은 다른 부류다.

불에 탄 마을에 재산세를 부과하지 마라.
연인을 혼내지 마라.

그가 말하는 '잘못된' 방식이 다른 사람들의
백 가지 '옳은' 방식보다 낫다.

신전 안에서는
기도용 방석이 어느 쪽을 향하든
중요한 게 아니다!

바닷물에 뛰어드는 사람에게는
눈 위를 걸을 때 신는 신발이 필요 없다!
사랑의 종교에는 규칙도 없고 원리도 없다.
신만이 있을 뿐이다.
루비에는 뭘 새길 필요가 없다!
무늬는 필요 없다."

하느님이 모세에게 더 깊은 신비로움에 대해
말씀하기 시작했습니다. 여기에 기록할 수 없는
통찰력과 말들이 모세에게 쏟아져 들어왔습니다.
그는 정신을 놓았다가 돌아왔습니다.
그는 영원으로 갔다가 돌아왔습니다.
이런 일이 여러 번 있었습니다.

내기 이런 것을 말하려고 하는 것은 어리석은 짓입니다.
내가 그걸 말한다면 인간의 지성을
뿌리째 뽑아버리게 될 것입니다.
글을 쓰는 펜들을 부숴버리게 될 것입니다.

모세는 양치기를 찾아 달려갔습니다.
그는 한 곳에서는 체스판 위의 성장城將처럼
똑바로 움직였다가, 다른 곳에서는
비숍처럼 옆으로 움직이는
혼란스러운 발자국들을 따라갔습니다.

발자국들은 파도처럼 올라갔다가
물고기처럼 내려갔습니다.
모래에 남은 자국들이
양치기의 방황을 기록하고 있었습니다.

모세가 마침내 그를 따라잡았습니다.

"내가 잘못했네.
하느님께서 경배에는 규칙이 없다고 말씀하셨네.
사랑하는 마음이 시키는 대로
무슨 말이든 내키는 대로 하면 되네.
자네의 달콤한 신성모독이 가장 진실한 헌신이라네.
자네를 통해 온 세계가 자유로워진다네.
그러니 마음대로 말하게.
무슨 말이 나오든 걱정하지 말게.
모두가 영혼의 빛이라네."

양치기가 말했습니다.
"모세여, 모세여,
나는 그 이상으로 나아갔습니다.
당신이 채찍을 휘두르자
나의 말이 주춤하며 뛰쳐나갔습니다.
신의 본질과 인간의 본질이 합해졌습니다.

당신의 채찍질과 당신의 팔을 축복합니다.
무슨 일이 있었는지는 말할 수 없습니다.
지금 내가 얘기하는 건
나의 진짜 상태가 아닙니다.
그건 말로 할 수 없는 것입니다."

양치기는 조용해졌습니다.

거울을 볼 때
거울의 상태가 아니라 여러분 자신을 보세요.
피리를 부는 사람은 피리에 숨을 불어넣습니다.
누가 음악을 만듭니까?
피리가 아닙니다.
피리를 부는 사람입니다!

언제든 당신이 하느님을 찬미하거나
하느님께 감사를 드리는 것은

이 양치기의 단순함과 같은 것입니다.

당신이 결국 베일을 통해
세상이 정말로 어떤 것인지 보게 되면
거듭해서 이런 말을 하게 될 겁니다.
"이건 분명히
우리가 생각했던 것이 아니다!"

이야기와 물

이야기는 목욕하려고 데우는
목욕물과 같습니다.

그것은 불과 당신의 피부 사이에
메시지를 전합니다.
그들이 만나게 하고
당신을 깨끗하게 합니다!

불도마뱀이나 아브라함처럼
불 속에 앉아 있을 수 있는 이는
거의 없습니다.
우리는 중개를 필요로 합니다.

배부른 느낌을 받으려면
보통은 빵이 필요합니다.

아름다움이 우리를 둘러싸고 있지만

그걸 알려면
보통은 정원을 거닐 필요가 있습니다.

몸 자체는 당신의 현존 안에서
타고 있는 빛을 감싸고
부분적으로만 보여주는
칸막이입니다.

물, 이야기, 몸,
우리가 하는 모든 것들은
숨겨진 것을 숨기고
또 보여주는 매개물입니다.

그것들을 살피고
우리가 때로는 알고
때로는 모르는 비밀로
씻기우는 이 존재를 즐기십시오.

거친 은유

어떤 사람이 말했습니다. "수도사가 없습니다.
수도사가 있다면 그 수도사는 거기에 없습니다."

정오의 밝은 햇빛 속에 있는 촛불을 보세요.
그 옆에 솜을 놓으면 타버리겠지만
그 빛은 태양 빛과 완전히 섞일 것입니다.

당신이 찾을 수 없는 촛불이
수도사의 흔적입니다.

당신이 이백 톤의 설탕 위에
일 온스의 식초를 뿌리면
아무도 식초 맛을 느끼지 못할 것입니다.

사슴은 사자의 발톱에 까무러칩니다.
사슴은 사자의 얼굴에 깃든
반짝이는 표정이 됩니다.

이것은 사랑하는 사람에게
무슨 일이 생기는지에 대한 거친 은유입니다.

사랑하는 사람보다 더 노골적으로
불경스러운 자는 없습니다.
그는 정반대의 영원을 저울에 올려놓고
균형을 맞추겠다고 우깁니다.

그리고 더 은밀하게
공손한 자는 없습니다.

"사랑하는 사람이 죽었다"와 관련한 문법 수업.
"사랑하는 사람"은 주어이고 행위자이지만
그럴 수는 없습니다!
"사랑하는 사람"은 존재하지 않습니다.

수도사 – 사랑하는 사람은 문법적으로만 행위자입니다.

사실, 사랑에 압도당하고
사랑 속으로 녹아들면
행위와 관련된 모든 속성은
사라집니다.

새의 날개

잃어버린 것에 대한 당신의 슬픔이
당신이 씩씩하게 일하고 있는 곳으로까지
거울을 들어 올립니다.

당신은 최악을 기대하겠지만
당신이 보고 싶어 하던
즐거운 얼굴이 거기에 있습니다.

당신의 손이 열렸다 닫히고
열렸다 닫힙니다.
항상 주먹을 쥐고 있거나 펼치고 있다면
당신은 마비될 것입니다.

당신의 가장 깊은 현존은
작은 수축과 팽창 하나하나에서
새의 두 날개처럼 아름답게 균형이 잡힌
조화로운 두 사람입니다.

새벽이 되기 전에

마호메트는 말합니다.
"나는 당신을 묶어서 데려가려고
새벽이 되기 전에 왔다."
당신을 데려가 고문하고 봄의 정원으로
데려오다니 놀랍고도 재미있습니다.
그러나 그것이 현실입니다.

거의 모든 사람이 묶여서
이곳으로 끌려와야 합니다.
소수만이 자기 발로 올 것입니다.

아이들은 일단 학교에 보내야 합니다.
그러면 그들 중 일부는 학교를 좋아하게 됩니다.
그러면 학교로 달려가게 됩니다.
그리고 배움을 확장하게 됩니다.

후에 그들은 학교에서 배운 것 때문에

돈을 받게 되고 아주 기뻐하게 됩니다.
그들은 도둑처럼 조심스럽고 기민한 채
밤새도록 깨어 있게 됩니다!

복종해서 받은 보상을 기억하십시오!

길에는 두 가지 유형이 있습니다.
하나는 그들의 의지에 반하여 오는 사람들입니다.
맹목적으로 종교적인 사람들이죠.
다른 하나는 사랑 때문에 복종하는 사람들입니다.
전자한테는 숨은 동기가 있습니다.
그들은 산파 가까이에 있기를 원합니다.
그들에게 젖을 주기 때문입니다.
후자는 간호사의 아름다움을 사랑합니다.

전자는 교리만 기억하고 반복합니다.
후자는 무엇이 그들을 하느님에게 데려가든,

그 속으로 사라집니다.

둘은 같은 것에서 나옵니다.
움직이는 이에게서 움직임이 나옵니다.
사랑받는 이에게서 사랑이 나옵니다.

어색한 비교

이 물질적인 세계에는 같은 것이 없습니다.
모든 비교는 어색하고 거칩니다.

당신은 사자를 인간 옆에 놓을 수 있지만
그렇게 하는 것은 양쪽에 위험합니다.

육체는 이 램프와 같다고 말해보세요.
그것은 심지와 기름이 있어야 합니다.
잠과 음식이 있어야 합니다.
그런 것들이 없으면 죽을 것입니다.
죽으려고 하니까 늘 그것들을 태우는 것입니다.

하지만 이 비교에서 태양은 어디에 있습니까?
태양이 뜨면 램프의 빛은 낮과 섞입니다.

단일성은 현실이지만
램프와 태양의 이미지들을 갖고 이해할 수는 없습니다.

복수를 하나로 흐리는 것은 잘못입니다.

어떤 이미지도 우리의 아버지들, 어머니들,
할아버지들, 할머니들에게서 남아 있는 것을
묘사할 수는 없습니다.

언어는 우리 각자 안에 살고 있는
분을 건드리지 못합니다.

두 종류의 지성

두 종류의 지성이 있습니다.
하나는 배우는 것입니다.
학교에서 책과 선생님이 이야기하는 것에서
사실과 개념을 배우고, 새로운 과학만이 아니라
전통적인 과학에서 정보를 얻는 것처럼
배우는 것입니다.

당신은 그러한 지성을 갖고 세상에서 성공합니다.
당신은 정보를 간직하는 능력에 따라
다른 사람들보다 앞서거나 뒤처집니다.
당신은 그 지성을 갖고 지식의 영역 안팎을 거닐면서
당신이 갖고 있는 판 위에 늘 더 많은 점수를 확보합니다.

다른 종류의 판도 있습니다.
이미 완성되어 당신 안에 보존된 판입니다.
스프링 박스에 넘치는 스프링.
가슴 한복판에 있는 새로움.

이 지성은 바래거나 썩지 않습니다.

그것은 액체입니다.

그것은 배관공사 – 배움의 관을 통해

밖으로부터 안으로 움직이는 게 아닙니다.

이 두 번째 지식은 당신의 내부에서

밖으로 이동하는 근원입니다.

세 마리의 고기

어떤 호수에 세 마리의 큰 물고기가 살았습니다.
하나는 영리했고
다른 하나는 적당히 영리했고
세 번째는 둔했습니다.

어부들이 그물을 갖고 호수에 왔습니다.
고기들이 그 모습을 보았습니다.

영리한 고기는
바다로 가는 멀고 어려운 여행을
바로 시작하기로 마음먹었습니다.

그는 생각했습니다.
"두 고기와는 상의하지 않아야겠다.
이곳을 좋아하니 내 결심을 약하게 만들 게 뻔하다.
그들은 이곳을 '집'이라고 생각한다.
그들의 무지가 그들을 여기에 잡아둘 거다."

여행을 할 때는
불구로 인해 한곳에 머물고 있는 사람이 아니라
여행자에게 조언을 구하십시오.

마호메트는
"자신의 나라를 사랑하는 것은 신앙의 일부"라고 말합니다.

그러나 그 말을 액면 그대로 받아들이지 마세요!
당신의 "나라"는 당신이 머무는 곳이 아니라
당신이 향하는 곳입니다.
마호메트의 말씀을 오독하지 마십시오.

전통에 따르면 몸을 씻는 의식에는
몸의 각 부위에 대한 기도들이 따로 있습니다.
코를 씻으려고 물을 묻힐 때는
영혼의 냄새를 맡게 해달라고 기도하세요.
"하느님, 저를 씻겨주소서.

저의 손은 제 몸의 이 부분을 씻었지만
제 영혼을 씻을 수는 없나이다.
저는 이 피부를 씻을 수는 있지만
당신께서 '저'를 씻겨주셔야 합니다."

구멍에 합당한 기도를 하지 못한 남자가 있었습니다.
그는 엉덩이를 씻을 때 코에 관한 기도를 했습니다.
하늘의 향기가 엉덩이에서 나올 수 있겠습니까?
바보들한테는 겸손하지 마십시오.
주인 앞에서는 거만하지 마십시오.

당신의 집을 사랑하는 것은 맞지만
"그곳이 정말로 어디에 있습니까?"라고 먼저 물으십시오.

현명한 고기는 사람들과 그물을 보고 말했습니다.
"나는 떠난다."

알리는 마호메트의 비밀스러운 교리를 듣고
아무에게도 말하지 말라는 소리를 들었습니다.
그래서 우물에 가서 속삭였습니다.
때때로 얘기할 사람이 아무도 없습니다.
그러면 그냥 혼자서 출발해야 합니다.

그래서 영리한 고기는 먼 길을 돌아서 갔습니다.
개들한테 쫓기는 사슴처럼
가는 길에 엄청나게 고생을 했습니다.
그러나 마침내 안전한 바다에 이를 수 있었습니다.

적당히 영리한 고기는 생각했습니다.
"나를 이끌던 고기가 가버렸다.
나도 갔어야 했는데 가지 않았다.
도망갈 기회를 잃어버렸구나.
그를 따라서 갔더라면 얼마나 좋았을까."
일어난 일을 후회하지 마십시오.

그것이 과거라면 잊으세요.
그것을 '떠올리려고도' 하지 마세요!

어떤 사람이 덫으로 새 한 마리를 잡았습니다.
새가 말합니다.
"당신은 지금까지 살아오면서
많은 소들과 양들을 잡아먹었는데
아직도 배가 고픈가 보군요.
내 뼈에 조금 붙은 살을 먹어도 만족하지 못하실 거예요.
당신이 나를 놓아주면 세 가지 지혜를 드리죠.
하나는 당신의 손 위에서,
다른 하나는 당신의 지붕 위에서,
나머지 하나는 저 나무의 가지에서 말해줄게요."
남자는 흥미가 당겼습니다.
그는 새를 놓아주고 손에 앉게 했습니다.
"첫째, 누가 말하든 말이 안 되는 건 믿지 마세요."

새가 날아가더니 지붕에 앉았습니다.
"둘째, 과거 때문에 슬퍼하지 마세요.
끝난 일입니다.
일어난 일을 갖고 후회하지 마십시오."

새가 말을 이었습니다.
"내 몸 안에는
구리동전 열 개의 무게가 나가는
엄청나게 큰 진주가 있습니다.
당신과 자식들이 물려받기로 되어 있었는데
이제는 그걸 잃어버리셨네요.
당신은 세상에서 가장 큰 진주를 가질 수 있었는데
그럴 운명이 아니었나 보네요."

남자는 아기를 분만하는 여자처럼 울부짖기 시작했습니다.
새가 말했습니다.
"과거 때문에 슬퍼하지 말라고 내가 방금 말하지 않았나요?

그리고 말이 안 되는 걸 믿지 말라고 했잖아요.
내 몸은 다 합해도
열 개의 구리 동전만한 무게가 나갈 수 없어요.
내가 어떻게 그렇게 무거운 진주를 갖고 있을 수 있겠습니까?"

남자는 정신을 차렸습니다.
"좋다. 그러면 세 번째 지혜를 얘기해주렴."

"알겠어요. 당신은 처음 두 개의 지혜를 아주 잘 활용했습니다!"

지쳐서 잠이 들려고 하는 사람에게
충고하지 마십시오. 모래에 씨를 뿌리지 마십시오.
어떤 것들은 찢어지면 기울 수가 없는 법입니다.

적당히 영리한 두 번째 고기 얘기로 다시 돌아가 볼까요.
그 고기는 자신의 안내자였던 고기가 없는 것을
한동안 슬퍼하다가 생각합니다.

"이 남자들과 그물들로부터 살아남으려면 내가 뭘 할 수 있을까?
죽은 시늉을 하는 것도 나쁘지 않을 것 같다.
배를 드러내고 물 위에 떠서
몸을 잡초처럼 물에 맡기고
둥둥 떠다니면 어떨까.
마호메트가 말씀하신 것처럼
죽기 전에 죽었다고 하면 어떨까."

그는 그렇게 했습니다.
그는 무기력하게 물 위에 떠서 깐닥거리며
어부들의 손이 닿을 수 있는 곳까지 떠내려갔습니다.

"이것 좀 봐요! 가장 크고 최고인 고기가
죽었네요."

그들 중 하나가 고기의 꼬리를 잡아
침을 뱉고 바닥에 던졌습니다.

고기는 빙글빙글 굴러서 물 가까이로 미끄러져
물속으로 다시 들어갔습니다.

그 사이, 멍청한 세 번째 고기는 흥분하여 뛰면서
자신의 기민함과 영리함을 이용하여
도망가려고 했습니다.
그러다가 결국 그물에 걸렸습니다.
그는 끔찍한 튀김 냄비 속에서 생각했습니다.
"여기에서 나가면 다시는 호수에서 살지 않을 거야.
다음에는 바다야!
망망대해를 집으로 삼을 거야."

다른 사람들은 내보내세요

내 안에서 백 개의 존재들이
손가락을 입에 대고 말합니다.
"됐어, 쉿."
침묵은 바다입니다.
언어는 강입니다.

바다가 당신을 찾을 때
언어 – 강을 향해 걸어가지 마세요.
바다에 귀를 기울이고
말하는 것은 그만 두세요.

전통적인 말들은 그 현존에서는
재잘거림일 뿐입니다.
재잘거림은 보는 것에 대한 대체물입니다.
사랑하는 사람 옆에 앉을 때는
당신을 맺어준 노파들과
보호자들은 내보내세요.

당신이 성숙해져 사랑을 하게 되면
연애편지와 중매쟁이들은
귀찮아 보입니다.
당신은 그 편지들을 읽을지 모르지만 그것은
초심자들에게 사랑을 가르치기 위한 것일 뿐입니다.
보는 자는 조용해집니다.
당신이 그들 중 하나와 같이 있을 때
그가 당신에게 얘기하라고 하지 않으면
조용히 침묵을 지키고 있으세요.
그런 다음 내가 후삼*과 함께
신의 광채로 이 시를 짓는 것처럼
말을 하세요.

나는 말을 그만 하려고 하지만
그가 나를 계속 말하게 만듭니다.

---

* 후삼은 샴스, 살라딘과 함께 루미가 좋아했던 친구였다. 후삼은 루미의 서기로 루미가 말년에 쓴 '마스나비'를 직접 받아썼다.

후삼, 당신이 그러한 환시 속에 있다면
왜 나한테 말을 하라고 하는 것이오?

어쩌면 아부 누와스 시인이 아랍어로
"나한테 술을 부어주고
술에 대해 내게 얘기해줘요"라고 했던 것과
똑같은 것인지 몰라요.

내 입에 잔이 닿았는데
내 귀가 방해하네요.
"나도 좀 줘요."

귀야, 네가 얻는 것은 열기야.
너는 이 술로 빨개지잖아.

그러나 귀는 이렇게 말합니다.
"나는 그 이상이 필요해!"

*

나는 당신의 사랑을 기억하면서 웁니다.
그리고 사람들이 당신에 대해
얘기하는 걸 들을 때면
이제는 아무것도 일어나지 않는 내 가슴에서
뭔가가 꿈속에서처럼 움직입니다.

*

우리는 평생
서로의 얼굴을 바라보았습니다.
오늘도 그랬습니다.

우리가 어떻게 사랑 – 비밀을 지키죠?
우리는 눈썹을 맞대고 말하고
눈으로 듣습니다.

카이로와 바그다드

더 이상 북 소리를 죽일 필요 없소!
북 가죽을 벗기시오!

넓은 들판에 깃발을 꽂으시오!
더 이상 머뭇거리고 기웃거릴 필요 없어요.

사랑하는 사람을 보든지
정신이 나가든지
둘 중 하나요.

당신의 목구멍이
술을 마실 준비가 되어 있지 않다면
잘라내시오!
당신의 눈이
합일의 충만함을 원치 않는다면
병에 걸려 창백해지게 놓아두시오.

나의 이 깊은 욕망을
이 여행에서 찾든지
집에 돌아가서 찾든지 할 겁니다!

내가 필요로 하는 만족은
내가 사라지는 것에 달려 있는지 모릅니다.
그래서 내가 돌아오면 집에 있을지 모릅니다.

나는 더 이상 찾을 필요가 없다는 걸
알게 될 때까지
열정과 힘을 다해
친구를 찾을 겁니다.

그 길이 여러 번 휘어지고 굽이질 때까지
존재의 진정한 진실은 봉인되어 있습니다.

대수학 방법론에 나오는 "두 개의 오류"처럼

진짜 답은 두 개의 대체, 두 개의 실수 다음에야
찾아집니다. 그래서 구도자는 말합니다.

"내가 진짜 방법을 알았더라면
그토록 두리번거리지 않았을 텐데."
그러나 지식은 둘러보며 보낸 시간에
달려 있는 것입니다!

당신은 높은 지위를 잃는 것을 두려워합니다.
당신은 거기에서 뭔가를 얻기를 바랍니다.
그러나 그것은 다른 곳에서 옵니다.
삶은 이러한 속임수를 씁니다.
하나에서는 희망을 주고, 다른 하나에서는 만족을 줍니다.

그것은 당신을 당황스럽게 하고 궁금하게 하고
보이지 않는 것에 대한 당신의 믿음을
자라게 합니다.

당신은 옷을 만들면서 살려고 생각하지만
전혀 생각한 적이 없는
금세공을 통해 돈이 들어옵니다.

나는 내가 원하는 결합이 나의 노력을 통해서일지,
노력을 포기하는 것을 통해서일지,
내가 노력하든 안 하든
전혀 상관이 없는 어떤 것을 통해서일지 모릅니다.

나는 중요한 영혼이 결국 어떻게 해서든
이 몸을 빠져나가야 한다는 걸 알고
머리가 잘린 닭이 그러듯
기다리고 초조해하고 파닥거립니다.

이 욕망에는 출구가 있을 것입니다.

많은 돈과 땅을 물려받은

사람이 있었습니다.

그러나 그는 모든 것을 너무 빨리 탕진해버렸습니다.
부를 물려받는 사람들은
그것을 얻기 위해 얼마나 많은
노력이 필요한지 알지 못합니다.

같은 이치로 우리는 우리에게 공짜로 주어진
영혼들의 가치를 알지 못합니다.
그래서 그 남자는 사막의 올빼미처럼
먹을 것도 없이 혼자 남겨졌습니다.

진정한 구도자는
'주여, 주여'라는 아름다운 음악을 만들기 위해서
류트처럼 속이 텅 비어야 한다고
예언자가 말씀하셨습니다.

텅 빈 것이 뭔가로 채워지기 시작하면
류트를 연주하는 사람은 그것을 내려놓고
다른 것을 집어 듭니다.

그런 음악을 만드는 것보다
더 난해하고 즐거운 것은 아무것도 없습니다.

어디에서도 취하는 법이 없는
두 손가락 사이에
텅 비어 잡혀 있으세요.

이 남자는 공허가 되자 눈물을 흘렸습니다.
그의 습관적인 완고함이 사라졌습니다.
많은 구도자들은 이런 길을 갑니다.

그들은 기도하며 슬퍼합니다.
그것의 향기로운 연기가 하늘로 흘러갑니다.

그러면 천사들이 말합니다.
“이 기도를 들어주세요. 이렇게 기도하는 사람들은
당신 말고는 어디에도 기댈 게 없습니다.
어째서 덜 헌신적인 사람들의 기도를 먼저 들어주십니까?”

신이 말씀하십니다.
“나의 너그러움을 뒤로 미룸으로써
그를 돕는 것이다.

그의 필요가 그의 머리칼을 잡아 내 앞으로 데려왔다.
내가 그걸 만족시키면
그는 다시 돌아가서 빈둥거리며
노는 데 빠질 것이다.
그가 얼마나 열정적인지 들어보라!
저렇게 찢어지는 울음이 그가 살아야 하는 방식이니라.”

나이팅게일을 새장에 두는 것은

노래가 기쁨을 주기 때문입니다.
까마귀를 새장에 뒀다는 얘기를 들어본 적이 있습니까?

두 사람이 빵집에 들어옵니다.
한 사람은 노인이고
다른 한 사람은 잘 생긴 젊은이입니다.
빵집 주인은 젊은 사람들을 좋아합니다.
그런데 두 사람이 빵을 달라고 하자
주인은 손에 들고 있던 것을 노인에게 줍니다.

그리고 젊은 사람에게는 이렇게 말합니다.
"앉아서 잠시 기다리세요.
새 빵을 안에서 굽고 있습니다. 거의 다 됐습니다!"

그리고 뜨거운 빵이 나오면 빵집 주인은 말합니다.
"가지 마세요. 할와도 나옵니다!"

그는 젊은 사람을 붙잡을 방법들을 알고 있습니다.
"아, 당신에게 얘기해 줄 중요한 것이 있어요. 잠깐만요.
금방 돌아올게요. 아주 중요한 거랍니다!"

진짜 신자들은 그들이 하고자 하는 좋은 일이나
그들이 피하고자 하는 나쁜 일에서
이런 식의 실망을 경험하게 됩니다.

그래서 모든 것을 물려받고 탕진하여
아무것도 없게 된 이 남자는
계속 울었습니다.
'주여! 주여!'

마침내 그는 꿈에서 목소리를 들었습니다.
"너의 부는 카이로에 있다.
어디어디로 가서 그곳을 파라.
네가 원하는 것을 거기에서 찾게 될 것이다."

그래서 그는 먼 길을 갔습니다.
카이로의 탑들이 보이자
등이 따뜻해지며 새로운 용기가 솟구쳤습니다.

그러나 카이로는 큰 도시입니다.
그 장소를 찾아내기 위해서는
이곳저곳을 돌아다녀야 했습니다.

물론 그는 돈이 전혀 없었습니다.
그래서 사람들 속에서 구걸을 했습니다.
그는 그것이 치욕스러웠습니다.
그래서 결심했습니다.
"밤에 나가서 거지들처럼 소리를 쳐서
사람들이 거리에 동전을 던지게 하자."

수치심과 존엄과 배고픔이 그를
앞과 뒤와 옆으로 밀쳤습니다.

갑자기 그는 야간 순찰병한테 붙잡히는 신세가 되었습니다.
공교롭게도 최근 카이로에서는
밤에 강도를 당한 사람들이 많았습니다.
어두워진 다음에 어슬렁거리는 사람은 누구나 도둑이라는
국왕의 지시가 순찰에 하달된 상황이었습니다.

범인들이 처벌을 안 받고 넘어가지 못하도록 하는 게 최선이다.
그들은 사회 전체에 해독을 끼치는 자들이다.
몹쓸 손가락을 잘라버려라!
도둑들에게 관용을 베풀지 마라.
사람들이 고통을 당하는 걸 생각해라.

그 시절에는 강도들이 전문가였습니다.
숫자도 많았습니다!
그래서 야간 순찰은 그를 붙잡았습니다.
"잠깐만요, 제가 설명하겠습니다!"
"해봐라."

"저는 범죄자가 아닙니다.
저는 카이로에 새로 온 사람입니다.
저는 바그다드에 삽니다."
그는 자신의 꿈과 땅에 묻혀 있는 보물에 대해
얘기를 했습니다.
그의 말이 너무 사실처럼 들리자
야간 순찰병은 울기 시작했습니다.
늘 그렇듯 진실의 향기는 그런 효과를 냅니다.

열정은 치유의 힘을 회복시키고
늘어진 가지를 쳐내고
새로운 삶으로 이끌 수 있습니다.
열정의 활기가 모든 것입니다!

열정을 돋우는 가짜 만족들도 있습니다.
그것들은 서늘하고 맛있지만
당신의 주의를 흩뜨리고

구도를 방해합니다.
그것들은 말합니다.
"내가 당신의 열정을 풀어드릴게요.
나를 가지세요. 나를 가지세요."

당신의 활력을 약화시키는
가짜 치료로부터 달아나세요.
그것을 풍요롭고 향기롭게 유지하세요.

야간 순찰병이 말했습니다.
"나는 당신이 도둑이 아니라는 것을 압니다.
당신은 좋은 사람입니다. 그러나 당신은 바보입니다.
나도 전에 그런 꿈을 꾸었습니다.
내 꿈에서는 바그다드에 보물이 있다고 했습니다.
어떤 거리의 어떤 구역에 보물이 묻혀 있다고 했습니다."

그런데 그 남자가 말한 거리의 이름은

바로 이 남자가 살고 있는 거리였습니다!

"꿈속에서 나한테 어떤 거리의 어떤 집에 가서
그것을 가지라고 했습니다."

그는 자기도 모르는 사이에
정확히 어떤 집인지 묘사했고
이 남자의 이름까지 언급했습니다!

"그러나 나는 꿈에서 나한테 하라고 한 것을 하지 않았습니다.
그런데 당신은 꿈에서 얘기한대로 세상을 돌아다니다가
지친 모습으로 거리에서 구걸을 하고 있습니다."

구도자는 큰 소리로 얘기하지는 않았지만
나직하게 속삭였습니다.
"내가 바라던 것이 바그다드에 있는 내 집에 있었군요!"

그는 기쁨에 넘쳤습니다.
기분이 너무 좋았습니다.
마침내 그가 말했습니다.
"생명의 물이 거기에 있었네요.
나는 그것을 마시고 있었음에도 그것을 알기 위해
이 먼 길을 와야 했군요!"

웃으면서 죽다

그가 연인에게 말합니다.
얼마나 그녀를 사랑하고
얼마나 성실하고
매일 새벽에 일어나고
단식하고
부와 힘과 명예를 단념하면서
그녀를 위해 얼마나 희생했는지 얘기합니다.

그의 내부에는 불이 있었습니다.
그는 그것이 어디에서 나오는지 알지 못했습니다.
그러나 그것은 그를 울게 만들고
양초처럼 녹게 만들었습니다.

그녀가 말했습니다.
"참 잘 했어요. 그러나 내 말 좀 들어보세요.
이 모든 것은 사랑의 장식일 뿐이에요.
가지들이고 잎들이고 꽃들일 뿐이에요.

진정한 연인이 되려면
뿌리에 살아야 해요."

"그게 어디에 있다는 거요!
나한테 말해주시오!"

"당신은 외면적인 행동을 했지만
죽지는 않았어요. 당신은 죽어야 해요!"

그는 이 말을 듣고 웃으면서
바닥에 벌떡 눕더니 죽었습니다.
그는 땅에 떨어지는 장미처럼 벌어졌다가
웃으면서 죽었습니다.

그 웃음이 그의 자유요
영원에 대한 그의 선물이었습니다.

달빛이 해를 향해 빛을 반사할 때
그는 집으로 오라는 소리를 듣고 갔습니다.

빛은 근원으로 돌아갈 때
자신이 비췄던 것에서
아무것도 취하지 않습니다.

그것은 쓰레기 더미나 정원이나
인간의 눈의 중심에서 빛났을지 모릅니다.
그건 중요하지 않습니다.

그것은 갑니다.
그렇게 되면 넓은 평원은 열정으로 황량해지면서
그것이 돌아오기를 바라게 됩니다.

신이 좋아하는 술

위선자와 그의 친구 시장이 야외에서
사이비 영적 상태에 들어가 있었습니다.

한밤중이었습니다. 비가 내렸습니다.
늑대가 언덕 가장자리에 나타났습니다.
늑대는 시장이 쏜 화살에 맞고
신음 소리를 내며 방귀를 뀌고 죽었습니다.

위선자가 소리쳤습니다.
"당신이 내 당나귀를 죽였어.
나는 물과 술을 구별하는 것만큼이나
내 당나귀의 방귀 소리를 잘 알거든."

"그렇지 않아. 나는 늑대를 쏜 거야.
가서 보라고. 너무 어두워 여기에서는
아무것도 보이지 않잖아."

"스무 마리의 동물들이 저마다 방귀를 뀌어도
나는 내 새끼 당나귀의 방귀를 알아볼 거야.
어떤 것들에 대해서는 완벽하게 알고 있으니까."

"이 사기꾼아!
비가 내리는 한밤중에
오십 미터 떨어진 곳에서
방귀를 구별할 수 있다고!
당신은 오늘 나도 못 알아봤잖아.
우리가 지난 십 년 동안 알고 지냈는데도 말이야!

당신은 신한테도 빠져 있는 척하지.
아이가 그러듯이, 혹은 어떤 즐거움에 완전히 빠진 사람처럼
잊어버린다면 이해라도 하지.
당신은 그렇지 않잖아.
당신은 수도생활과 '무욕의 내맡김'이라는 외침 소리에
너무 자만하고 있어."

"두 세계가 다 여기에 있어!
나는 어느 것이 어느 것인지 말할 수는 없어!
내 당나귀의 방귀소리를 알아듣는 걸 보면
내가 얼마나 예민한지 알 거야!"

위선은 이렇게 폭로됩니다.
자신이 "문간을 지키는 사람"이라고 주장하는 사람은 누구나
전문가한테 평가를 받을 것입니다.
재봉사라고 주장하는 사람이
왕이 공단 조각을 던지며
"조끼를 만들어 보거라."라고 하면
어떻게 해야 할지 모르는 것처럼 말입니다.

신이 좋아하는 술은 인간의 정직함입니다.
그 위선자는 버터밀크를 마시고 있었던 것입니다.
그는 이렇게 말합니다.
"이 상태로 날 좀 내버려둬.

나는 자귀와 열쇠의 차이를 몰라.
나는 주나이드야, 나는 베스타미야![*]"
영적인 게으름과 영적인 탐욕은
숨길 수 없습니다.

당신이 할라즈인 척하고
가짜 불로 당신 친구들에게 불을 지른다면
자신을 연인이라고 생각하지 말아요.

당신은 미쳤고 마비된 것입니다.
당신은 우리의 피를 마시는 것입니다.
당신은 가까움에 대한 경험이 없는 것입니다.

---

* 주나이드, 베스타미는 이슬람 신비주의의 두 학파를 일컫는다.

조용히 기다리십시오

새로운 삶을 이 행성에 주신 분이시여,
논리를 초월한 분이시여,
오십시오.
저는 화살일 뿐입니다.
당신의 활에 저를 장전해 날아가게 하십시오.
당신을 향한 사랑에
저의 그릇이 지붕에서 떨어졌습니다.
사다리를 내리고 조각들을 모으십시오.

사람들은 어떤 것이 저의 지붕이냐고 묻습니다.
저는 이렇게 대답합니다.
영혼이 오는 곳이라면 어디든,
영혼이 밤에 돌아가는 곳이라면 어디든,
저의 지붕은 그쪽에 있습니다.

대지를 치유하기 위해서
어디에서 봄이 오든,

인간의 탐색이 어디에서 시작되든.
바라봄 자체가
우리가 찾고 있는 것의 흔적입니다.

그러나 우리는 당나귀를 타고
당나귀한테 어디로 가야 하는 지 묻는 사람과 같습니다.

이제 조용히 기다리십시오.
그것은 거대한 존재일지 모릅니다.
우리가 들어가고 싶고
되고 싶은 존재일지 모릅니다.
그 존재는 우리에게 밖으로 나가서
육지에 조금 더 있다가
잡다한 길을 통해
해변으로 가기를 원하는 건지 모릅니다.

거울을 닦으며

아부 바크르[*]는 마호메트를 보고 이렇게 말했습니다.
"거짓말을 하는 얼굴이 아니네."

아부 바크르는 그의 그릇이 지붕에서
떨어진 사람이었습니다.

황홀경에서 나오는 향내는
숨길 수가 없습니다.
잘 닦인 거울은 빛을 반사하지 않을 수가 없습니다.

마호메트가 권한이 막강한 족장들과
왕자들로 이뤄진 군중에게
얘기를 하고 있었는데
가난한 맹인이 방해를 했습니다.

* 이슬람의 초기 지도자이자 제1대 정통 칼리파. 마호메트의 친구이자 장인.

마호메트가 찡그리며 그 사람에게 말했습니다.
"내가 이 손님들에게 얘기하도록 놔두시오.
이건 드문 기회요.
그런데 당신은 이미 내 친구잖소.
우리한테는 시간이 충분히 있어요."

옆에 있던 누군가가 말했습니다.
"저 맹인은 백 명의 왕에 해당하는 가치가 있을지 모릅니다.
인간은 광산이라는 속담을 기억하십시오."

세속적인 힘은 아무것도 아닙니다.
말로 표현할 수 없는
소중한 내면의 삶만이 중요합니다.

마호메트가 대답했습니다.
"내가 이 권력자들한테
인정받는 것에 신경을 쓴다고 생각하지 마십시오.

딱정벌레가 장미향수를 향해 움직이면
그것은 용액이 묽다는 증거입니다.
딱정벌레는 장미 진액이 아니라 거름을 좋아합니다.
동전이 시금석에 시험 받기를 바라면
그 동전 자체가 시금석일지 모릅니다.

도둑은 밤을 좋아합니다.
나는 낮입니다.
나는 본질을 드러냅니다.

송아지는 신이 암소라고 생각합니다.
새로 온 누군가가 귀여워해주고
자신이 원하는 것을 주면
당나귀의 신학은 바뀝니다.
나는 암소도 아니고
낙타가 먹는 엉겅퀴도 아닙니다.
나를 모욕하는 사람들은
거울에 윤을 낼 뿐입니다."

시녀와 의사

당신은 당신의 영혼—거울이 생각만큼
깨끗하게 비추지 않는 이유를 아십니까?

녹이 슬기 시작해서 그렇습니다.
깨끗이 닦을 필요가 있습니다.

영혼-거울이라는 말이 의미하는
내면의 상태에 관한 이야기가 있습니다.

보이는 것만이 아니라
영적인 면에서도 강력한
왕이 살고 있었습니다.

어느 날 그가 말을 타고 사냥을 하는데
어떤 소녀를 보고 그녀의 아름다움에 흠뻑 빠졌습니다.

관습에 따라

그는 그녀의 가족에게 후하게 돈을 지불하고
그녀에게 궁전에 와서 하인이 되라고 했습니다.
그는 그녀와 사랑에 빠졌습니다.

그의 가슴에서 감정이 출렁이며
새장에 막 넣은 새처럼
파닥거렸습니다.

그러나 그녀는 도착하자마자 병이 들었습니다.
왕은 당나귀가 있지만
짐을 실을 안장이 없는 사람 같았습니다.
안장을 샀더니 늑대들한테 당나귀를
잃은 사람 같았습니다.

그에게는 물동이가 있었지만 물이 없었습니다.
물을 찾았지만
물동이가 넘어지며 깨져 버린 형국이었습니다.

그는 의사들을 불렀습니다.
"당신들 손에 우리 두 사람의 생명이 달렸소.
그녀의 생명은 나의 생명이오.
그녀를 치료하는 사람에게
내가 가진 가장 좋은 보물,
진주들이 박힌 산호목걸이,
아니 무엇이든 주겠소!"

"최선을 다하겠습니다.
우리들은 이 지역 최고의 의사들입니다.
틀림없이 치료법을 찾을 수 있을 것입니다."

그런데 그들은 자신들의 성취감에 대한 자만 탓에
'인샬라'*라는 말을 빼먹었습니다.
그 말을 하는 것만으로

* 신의 뜻이라면.

도움이 됐을 거라는 뜻은 물론 아닙니다.

그 말을 빼먹은 것 이면에는
차가움과 폐쇄적인 면이 있었습니다.
'인샬라!'라고 말하지 않는 사람들이 많습니다.
그러나 그들의 영혼은 늘 그 말에 공감하고 있습니다!

의사들은 치료를 시작했습니다.
그런데 아무리 해도
소녀는 더 창백해지고 야위어만 갔습니다.
약의 효과는 그들이 기대했던 것과는 정반대였습니다.

옥시멜은 담즙을 증가시켰습니다.
아몬드 기름은 건조함을 유발했습니다.
미로발란은 장을 편안하게 하는 대신
수축시켰습니다.
물은 열이 오르게 하는 것 같았습니다.

왕은 의사들이 소용없다는 걸 알았습니다.
그는 맨발로 사원으로 달려갔습니다.
그는 기도용 깔개의 모서리를 눈물로 적셨습니다.
그는 절망에 빠졌습니다.
거기에서 빠져나오면서 그는 이렇게 기도했습니다.

"당신은 여기에 무엇이 숨겨져 있는지 아십니다.
저는 어떻게 해야 할지 모르겠습니다.
당신은 '내가 모든 비밀을 안다고 해도,
행동을 통해 그것을 밖으로 보여라'라고 말씀하셨습니다."

그는 큰 소리로 울면서 도와달라고 했습니다.
바다 같은 은총이 그를 덮쳤습니다.
그는 기도용 깔개에서 울며 잠이 들었습니다.

꿈에 어떤 노인이 나타났습니다.
"착한 왕아, 너한테 전해줄 게 있다.

내일 낯선 사람이 올 것이다.
내가 보낸 사람이다.
그는 네가 믿을 수 있는 의사다.
그의 말을 잘 들어라."

새벽이 되었을 때, 왕은 옥상 망루에 앉아 있었습니다.
누군가가 오고 있었습니다.
새벽 같은 사람이었습니다.
그는 뛰어가서 손님을 맞았습니다.

물이 좋아 수영하는 두 사람처럼
그들의 영혼은 꿰매지 않아도
완벽하게 밀착되었습니다.

왕이 말했습니다.
"내가 사랑하는 사람은 여자가 아니라 당신입니다!
그러나 행동은 이 현실 속의 행동에서 나옵니다.

제가 뭘 어찌 해야 합니까?"

우리는 늘 절제를 추구해야 합니다.
자기통제가 없는 사람은 자비를 받을 수 없습니다.

그리고 다치는 사람은 자신만이 아닙니다.
절제가 없는 사람들은 주변에 불을 냅니다!

모세와 백성들을 먹이려고
음식이 차려진 식탁이
하늘에서 내려오고 있었습니다.
그런데 갑자기 군중 속에서
누군가가 소리쳤습니다.
"마늘은 어디 있소?"
"콩을 주시오!"

그러자 빵과 은총의 음식이 즉시 사라졌습니다.

모두가 곡괭이로 계속 땅을 파야 했고
긴 낫으로 풀을 베어야 했습니다.

그때 예수가 중재해서 더 많은 음식을 가져오게 했습니다.
그러나 무례한 사람들은 또다시 존경심을 보이지 않았습니다.
그들은 음식이 충분하지 못할 거라고 생각해
움켜쥐느라 바빴습니다.
예수가 "음식은 많다. 늘 여기에 있을 것이다."라고 거듭 말해도
소용이 없었습니다.

왕을 의심하고 탐욕을 부리는 것은
최악의 오만함입니다.
문들이 닫혀버립니다.

당신이 주는 것을 억제하면
비구름이 만들어지지 않을 것입니다.
모든 사람이 늘 성행위를 하게 되면

모든 방향으로 전염병이 퍼집니다.

우울한 기분이 드는 것은
찬미하는 데 실패해서입니다.
불손함과 절제 없음은 당신의 영혼에서 빛을 강탈합니다.

왕은 팔을 벌리고 거룩한 의사를 안았습니다.
왕은 그의 손과 이마에 입을 맞추고
오는 길이 어땠냐고 물었습니다.
꿈에서 예고된 사람에 대한 소중한 관심에서였습니다.
왕은 그를 식탁으로 데려갔습니다.

"마침내 나는 인내심이 가져다줄 수 있는 것을 찾았습니다.
이 분의 얼굴만 봐도 의문이 풀립니다.
이 분은 보는 것만으로도
지적인 토론의 난제를 풀 수 있는 분입니다.
당신은 우리 안에 있는 것을 설명해줍니다.

당신이 사라지면 이 거대한 회의장은
쭈그러들어 벽장이 될 것입니다.
우리를 보호해 주십시오."

그들은 이야기를 하면서 영적인 식사를 했습니다.
왕은 의사의 손을 잡고 소녀가 있는 방으로 안내하여
그녀의 병을 얘기해주었습니다.

의사는 그녀의 맥박을 재보고
그녀의 안색과 소변을 살폈습니다.
"의사들이 도움이 되지 못했군요.
그들이 병을 악화시켰네요.
그들은 내면 상태를 알지 못했던 겁니다."

그녀의 고통의 비밀이 그에게는 보였지만,
그는 왕에게 그것이 무엇인지 말해주지 않았습니다.
물론 사랑 때문이었습니다.

사랑의 병은 다른 것과 다릅니다.
사랑은 하느님의 신비를 들여다보는 천체 관측기입니다.

대지의 사랑, 영혼의 사랑,
어떠한 사랑이든 먼 곳을 바라봅니다.
내가 아무리 사랑을 설명하려 해도
혼란스러울 따름입니다.

어떤 설명을 들으면 분명해지지만,
사랑한테는 침묵이 더 분명한 것입니다.
뭔가를 잘만 쓰던 펜이
'사랑'이라는 말을 쓰면 부러집니다.

사랑을 설명하고 싶으면
지성을 빼내어 진흙 속에 묻으세요.
그건 도움이 되지 않으니까요.

태양이 존재한다는 증거를 원한다고
밤새도록 자지 않고 그것에 관해 얘기한다고 해보세요.
태양이 떠오를 때 결국 당신은 잠들게 됩니다.

보세요!
이 세상에서 태양만큼 이상한 것은 아무것도 없습니다.
영혼의 태양은 훨씬 더 그렇습니다.
거기에는 어제가 없습니다!
실제의 태양은 유일무이하지만
영혼의 태양을 상상하는 것은 가능한 일입니다.

영혼의 태양은 안이든 밖이든
비교할 대상이 없습니다.
상상력은 그것을 감당할 수 없습니다.
샴스, 그 태양의 말이 나오자
모든 것은 숨어버렸습니다.
지금 후삼이 내 팔을 만지면서

샴스에 대해 얘기를 더 해주기를 바랍니다.

후삼, 지금은 아니오.
나는 말들이 의미가 있게 만드는 법도
칭찬하는 법도 모르오.

친구의 자리에서는 어떤 진실한 것도
말로 할 수가 없소.
그러니 나를 이대로 놔두시오.

그러나 후삼이 통사정을 합니다.
"저한테 얘기 좀 해주세요!
시간은 급격한 하향운동이잖아요.
수피교도는 순간에 충실한 아이가 되어야 합니다.
선생님도 수피교도이지 않습니까?
'내일 아니면 나중에'라고 말씀하지 마세요!"

내 답변은 이렇습니다.
그 '친구'의 길은 이야기 속에 숨기는 것이 더 좋소.
연인들이 서로에게 하는 말보다
사람들이 연인들에 대해 말하는 것을 통해
신비스러움이 나오도록 그냥 두시오."

"아닙니다!
저는 이것이 최대한 적나라하고 진실해지기를 바랍니다.
사랑하는 사람 옆에 누울 때
저는 셔츠를 입지 않습니다!"

"오, 후삼. 만약 친구가 당신에게 완전히 발가벗고 온다면
당신의 가슴은 그걸 견뎌낼 수 없을 거요.
당신은 더 이상 당신 몸으로 여기에 있지 못할 거요.
당신이 원하는 것을 요청하되 경계 안에서 해야 해요.

작은 막대기로 산을 들어서 잡고 있을 수는 없는 법이오.

존재를 존재하게 만드는 내면의 태양이
조금 더 가까이 오면 모든 것은 타버릴 거요.
그것을 달라고 하진 마시오.
타브리즈의 샴스에 대해서는 이제 더 이상 얘기하지 마시오."

이 얘기에는 끝이 없습니다.
왕과 상사병에 걸린 처녀와 신성한 의사의 이야기로
다시 돌아갑시다.

의사가 말했습니다.
"나를 이 소녀와 혼자 있게 해주시오."
모두 나가자 그가 조용히 말했습니다.
"당신은 어디에서 왔나요? 누가 당신의 친척들인가요?
그 지역에서 당신과 가까운 사람이 달리 누가 있나요?"

그는 그녀의 삶에 대해 부드럽게 물었습니다.
누군가가 맨발로 가시를 밟으면

그는 즉시 그 사람의 발을 자기 무릎에 올려놓고
바늘로 가시를 찾습니다.
그리고 끝을 찾지 못하면 그곳에 침을 묻힙니다.
가시를 빼는 것이 때로는 어려운 일입니다.

가슴에 있는 가시는 얼마나 더 어렵겠습니까!
모두가 자기 안에 있는 가시를 찾을 수 있다면
이곳은 훨씬 더 평화로워질 겁니다!

누군가가 당나귀 꼬리 밑에
깔쭉깔쭉한 가시열매를 놓았다고 생각해보세요.
당나귀는 뭐가 문제인지 알지 못합니다.
그냥 펄쩍 뛰고 이리저리 뛰어다닐 뿐입니다.

가시를 제거하는 영리한 의사가 와서
살펴야 합니다.

신묘한 의사는 그녀의 친구들에 대해 묻고
그녀의 손을 잡고 맥박을 쟀습니다.

그녀는 고향에 관한 이야기를 하면서
여러 사람의 이름을 언급했습니다.
의사는 맥박이 어떻게 반응하는지 보려고
그녀가 이름을 말할 때마다
그 이름을 되풀이했습니다.

마침내 그가 물었습니다.
"다른 도시들에 갈 때 가장 가고 싶은 곳이 어디죠?"
그녀는 이 도시, 저 도시를 얘기하고 빵을 사고 소금을 샀던
집들에 대해 얘기했습니다.
그때 의사가 '사마르칸트!'라고 말했습니다.

그 소중한 도시는 사탕처럼 달콤한 도시였습니다.
그녀가 얼굴을 붉혔습니다.

그녀의 숨이 잠시 멎었습니다.

그녀는 사마르칸트에 있는 금 세공인을 사랑하고 있었던 것입니다!

그녀는 그가 너무 그립습니다.

"그가 정확히 어디에 살고 있나요?"

"가타파르 거리의 다리 앞쪽에 살아요."

"이제 내가 당신을 치료할 수 있게 됐습니다.

두려워하지 마세요.

비가 풀밭에 하는 것을 내가 당신에게 하게 될 것입니다.

이 이야기를 아무에게도 하지 마세요.

특히 왕에게는 하지 마세요.

당신의 가슴에 있는 사랑의 중심이

그러한 비밀을 위한 무덤이 되면

당신이 원하는 것은 금세 당신의 것이 될 것입니다."

씨앗은 씨앗 안에 있는 것이 되려면 땅 속에 숨어야 합니다.

소녀는 기분이 좋아졌습니다.

그녀는 그를 신뢰했습니다.

의사가 왕에게 가서 그 이야기를 약간만 해줬습니다.
“어떤 핑계를 대서라도
사마르칸트에 사는 금 세공인을
이곳으로 데려와야 되겠습니다.
재산과 명예를 주겠다고 그를 유인하십시오.”

왕의 사자들이 옷과 돈을 갖고 가서
그 사람을 쉽게 설득하여
가족과 그 지역을 떠나게 했습니다.

그는 아라비아종 말을 타고
왕과 의사가 있는 곳으로 왔습니다.
의사가 말했습니다.
“여자를 이 남자와 결혼시키십시오.
그러면 완전히 나을 것입니다.”

실제로 그렇게 되었습니다.
여섯 달 동안 두 사람은 사랑을 하고
서로를 안고 서로에게 완전히 만족했습니다.
여자는 완벽하게 건강을 되찾았습니다.

그러자 의사는 금 세공인에게 약을 줬습니다.
그가 아프기 시작했습니다.

그의 잘 생긴 얼굴이 시들해졌습니다.
그의 힘이 약해졌습니다.
차츰 볼이 움푹 들어가고
황달에 걸리고 못생겨졌습니다.
그러자 여자는 그를 사랑하지 않게 되었습니다.
육체적인 아름다움에 기초한 사랑은
사랑이 아닙니다.

"이 세계는 산입니다.

우리가 하는 것은 소리를 지르는 것입니다.
메아리는 우리에게 돌아옵니다."

금 세공인은 그렇게 말하고 죽었습니다.
죽지 않는 자를 사랑하십시오.

하지만 의사가 그 불쌍한 금 세공인을 독살한 건
어떻게 된 것일까요!
왕을 위해서 그런 게 아니었습니다.
그 이유는 키드르가 소년의 목을 자른 것처럼
수수께끼입니다.

의사가 한 모든 것은 신의 의지에서 나온 것이었습니다.
키드르는 배를 가라앉혔지만, 그것은 잘한 일이었습니다.

누군가가 이런 의사한테 죽임을 당하는 것은
그렇게 보이지는 않겠지만 축복입니다.

아이가 처음 머리를 깎을 때
우는 것은 어머니가 아니라 아이입니다.
그러한 의사는 더 넓은 너그러움의 일부입니다.
그는 한 개를 가져가고 백 개를 줍니다.

당신이 어떻게 할 것이라는 생각만으로
그의 행동을 판단하지 마십시오.
당신은 그처럼 완전히 진실 안에서
살고 있는 게 아닙니다.

세 형제와 중국 공주

세 아들을 둔 왕이 있었습니다.
세 아들 모두 훌륭했습니다.

그들은 너그럽고 현명했으며
필요할 때는 결단력도 있었습니다.

그들은 왕국의 먼 지역들이 제대로
다스려지고 있는지 보려고 떠날 준비를 하고
아버지 앞에 섰습니다.
그 모습이 세 개의 맹렬한 촛불 같았습니다.

그들은 작별과 복종의 표시로
왕의 손에 입을 맞췄습니다.

왕이 말했습니다.
"마음이 당기는 곳으로 가서 너희들의 방식대로 해보아라.
너희들은 보호를 받을 것이다.

그러나 한 가지 경고하는데,
'명석함을 흐리는 성채'라는 성에는 가지 말아라.
거기에는 왕족에게 큰 어려움을 야기하는
아름다운 그림들이 있는 화랑이 있다.
줄레이카*가 요셉을 함정에 빠뜨리려고 장식한,
사방에 자기 그림만이 있는 방과 같다.
요셉은 어디를 보든 그녀를 보지 않을 수 없었다는구나.
그곳만은 피해라."

물론 세 왕자는 그 성을 보고 싶어 안달이 났습니다.
그래서 아버지의 경고에도 불구하고 성 안에 들어갔습니다.

다섯 가지의 외적 감각기관이 색깔과 현상을 감지하고
다섯 개의 내적 감각기관이 신비로움에 열리듯이
성에는 육지 쪽으로 다섯 개의 문이 있었고

---

* '히브리어 성경'과 '쿠란'에 나오는 포티파르의 아내로 자신의 성적 접근을 거부한 요셉에게 강간 누명을 씌워 감옥에 가게 만들었다.

바다 쪽으로 다섯 개의 문이 있었습니다.

거기에 있는 수 천 점의 그림들이
왕자들을 불안하게 했습니다.
그들은 취한 듯 홀을 서성였습니다.
그러다가 셋이 동시에 어떤 초상화 앞에 이르렀습니다.
여자의 얼굴이었습니다.
그들은 속수무책으로 사랑에 빠졌습니다.
“아버님이 경고한 것은 바로 이것이었군.
길을 계속 가도 될 정도로
충분히 건강하다고 생각하는 폐결핵 환자처럼
우리는 어떤 것이든 저항할 수 있을 만큼
충분히 강하다고 생각했어.
그런데 그게 아니네! 이게 누구지?”

현명한 족장이 그들에게 말해줬습니다.
“중국 공주입니다.

영혼이 태아 속에 싸여 있듯
중국 왕이 공주를 감춰놓았습니다.
그녀가 있는 곳에는 아무도 갈 수 없습니다.
새들도 머리 위로 지나갈 수 없답니다.
아무리 해도 공주의 마음을 살 수는 없답니다.
그러니 포기하십시오."

왕자들은 한숨을 쉬면서
머리를 맞댔습니다.

장자인 왕자가 말했습니다.
"우리는 다른 사람들에게 충고를 할 때 늘 대담했는데
우리 모습을 보라!
우리는 '인내가 열쇠'라고 말하곤 했지만
우리가 다른 사람들을 위해 만든 규칙은
이제 아무 도움이 안 된다.
다른 사람들에게는 '웃으라!'라고 충고했는데

어찌 이렇게 조용할까?
우리의 힘은 어디로 간 거지?"

그들은 절망스러운 마음으로 중국을 향해 출발했습니다.
공주와의 합일을 바라서가 아니라
그녀와 더 가깝게 있기 위해서였습니다.

그들은 모든 것을 뒤에 두고
보이지 않는 연인을 향해 걸어갔습니다.
그들은 수도에서 변장을 하고 살면서
궁전으로 들어갈 길을 모색했습니다.

마침내 장자인 왕자가 말했습니다.
"이렇게 마냥 기다릴 수만은 없어.
사랑하는 사람과 떨어져 살아야 한다면 살고 싶지도 않다.
이 사람이야말로 내가 평생 찾고 있던 사람이야.

오리가 난파선에 대해 뭘 상관하겠어?
바닷물에 잠긴 자기 발만으로도 충분히 배인데 말이야.
나의 영혼과 육체는 당당하게 합해져 있어.
나는 꿈을 꾸고 있지만 잠든 건 아니야.
나는 허세를 부리지만 거짓말을 하는 건 아니야.

나는 양초야.
내 목을 칼로 백 번 그어도
나는 밝게 탈 뿐이야.
내 존재의 건초가리 양쪽에 불이 붙었어.
밤새도록 타서 없어지게 놔둘 수밖에 없어.

길에서는
달이 내게 필요한 모든 빛을 주지.
나는 내 욕망을 갖고
왕과 상대할 거야."

그의 형제들은 그러지 말라고 설득하려 했지만
그럴 수 없었습니다.
그는 벌떡 일어나더니
중국 왕이 있는 곳으로 비틀거리며 걸어갔습니다.
왕은 아무 말도 하지 않았지만
무슨 일인지 알고 있었습니다.

왕은 세 형제의 속마음을 알았지만
시치미를 뗐습니다.

주전자 밑에 있는 불은 외면입니다.
끓는 물은 현실입니다.
사랑하는 사람은 당신 밖에 있는 것처럼 보이지만
당신의 혈관 속에 있습니다.

왕자는 무릎을 꿇고 왕의 발에 입을 맞췄습니다.
그리고 고개를 숙이고 그대로 있었습니다.

"이 젊은이는 원하는 모든 것을 갖게 될 것이다.
그가 뒤에 두고 온 것보다 이십 배 더 갖게 될 것이다.
그는 모험을 했고 황홀경에 자신의 옷을 벗어던졌다.
그러한 사랑은 천 벌의 옷과 같은 가치가 있다.
이 사람은 그 사랑의 메신저다.
자신의 일을 잘 수행하고 있는 사람이다."

왕자는 이 말을 듣고 말을 할 수 없었습니다.
그러나 그의 영혼은 자신의 영혼과
계속 대화하고 있었습니다.
왕자는 생각했습니다.
"이게 현실이다. 이 깨어남과 이 사라짐이."

그는 오랫동안 왕한테 고개를 조아리고 살면서
요리를 했습니다.
"처형이라는 것과 내가 매순간 반복하여
처형되는 것과는 별개이다!

물질적으로는 가난하지만
희생적인 삶에서는 부자다.
머리 하나만 갖고
사랑놀이를 할 수 있는 사람은 아무도 없다!"

이 즐거운 기다림이 왕자를 소모시켰습니다.
사랑하는 사람의 '형태'가 그의 마음을 떠났고
그는 합일을 찾았습니다.

"몸에 걸친 옷은 고운 비단이지만
이 벌거벗음이 더 달콤하구나."

이 얘기는 더 이상 앞으로 나아갈 수 없습니다.
그 다음 얘기는 숨겨진 상태로 있어야 합니다.

말을 타고 바다로 가지만
그 후로는 신비로운 침묵의 목마가

당신을 태우고 가야 합니다.

그 배가 가라앉으면
당신은 물고기입니다.
침묵하지도 못하고 말하지도 못하는
이름도 없는 경이로움입니다.

그렇게 장자인 왕자는 죽었습니다.
가운데 왕자가 장례식에 왔습니다.

왕은 생각에 잠겼습니다.
"이건 또 뭐야? 같은 바다에서 나온 고기로구나!"
시종이 소리쳤습니다.
"같은 아버지의 아들, 나이로 따지자면 고인 다음의 형제입니다."

왕이 말했습니다.
"그래, 그 사람으로부터 나에게 남겨진 유품이구나."

그러자 최고의 친절이 그에게 베풀어졌습니다.
궁정은 벌어진 석류처럼 갈라져 웃는 것 같았습니다.
세상의 모든 형태들이 그들의 천막 날개를 열어젖히고
매 순간 새로운 것이 태어나는 것 같았습니다.

그는 책에서 그러한 계시들을 읽은 적이 있었습니다.
이제 그것은 그의 일이었습니다.
그는 이렇게 말했습니다.
"더 있습니까? 더 있습니까?"
왕의 너그러움 덕에
그는 전에 느끼지 못했던 만족감을 느꼈습니다.
그때 자만심이 찾아왔습니다.

"왕의 아들인 나도 왕이 아닐까?
그런데 왜 이 사람이 나를 통제하고 있는 거지?
그와 별개로 나는 내 가게를 열어야 해."

왕은 생각했습니다.
"내가 너한테 순수한 빛을 주니까 나한테 먼지를 뿌리는구나!"
가운데 왕자는 자신이 속으로 하는 생각을 문득 깨달았지만
너무 때가 늦었습니다.

그는 장엄함을 박탈당했습니다.
더 이상 정원의 공작새가 아니게 된 그는
황야의 외로운 올빼미처럼 날아갔습니다.
그는 에덴동산으로부터 멀리 떨어진 곳에서
소를 몰고 쟁기질을 하는 아담 같았습니다.

이제 이야기를 마무리해야 되겠습니다.
일 년 후, 두문불출하던 왕은 밖으로 나와
그의 화살 통에 화살 하나가 없어진 걸 보았습니다.
가운데 왕자가 목에 화살을 맞고 죽은 것이었습니다.

왕은 울었습니다.

그는 죽인 자이자 애도하는 자였습니다.
그러나 모든 것이 잘 해결되었습니다.
가운데 왕자도 그의 자만심을 꺾어버린 살인적인 눈을 통해
사랑하는 사람에게 갔습니다.

공주의 손을 잡게 된 것은 지금까지
아프기만 하던
세 번째 왕자였습니다.

그는 몸과 마음이 결합된 삶을 살았습니다.
그는 그것을 받을 가치가 있는 일을 한 적이
전혀 없었습니다.

"사랑과 그리움, 초월의 시인"

13세기 시인 루미에 관해서는 이름부터 정리하고 넘어가야 할 것 같다. 그는 보통 루미라는 이름으로 통용되지만 그를 일컫는 이름들은 다양하다. 원래 이름은 잘랄루딘(잘랄라딘) 무하마드 루미였던 것으로 보인다. 그러나 발키에서 태어났다는 의미로 잘랄루딘 무하마드 발키라 불리기도 하고, '우리의 스승'이라는 의미의 마울라나(메블라나)를 넣어 마울라나 잘랄루딘 루미로 불리기도 하고, '나의 스승'이라는 의미의 마울라위(메블레비)를 넣어 마울라위 잘랄루딘 루미라 불리기도 한다. 이 번역서에서는 그의 이름을 마울라나 잘랄루딘 루미로 표기하였다. 이 이름을 택한 것은 많은 사람들이 그를 그렇게 호칭해서이기도 하지만 더 중요하게는 그의 시들이 그를 마울라나, 즉 '우리의 스승'이라고 불러도 될 정도로 우리의 마음을 움직이기 때문이다. 그는 비록 이슬람권 시인이지만 묘하게 우리의 마음을 흔들어 놓는다. 그의 시를 읽으면 그가 아랍권만이 아니라 세계 곳곳에서 왜 그렇게 인기가 있는지를 어렵지 않게 알 수 있다. 그는 비록 13세기 시인이지만 현재, 세계에서 가장 인기가 있는 시인이라고 해도 과언이 아니다.

마울라나 잘랄루딘 루미는 1207년 9월 30일 아프가니스탄 인근에서 태어났다. 현재의 국가 분류에 따라 더 엄밀하게 말하자면, 그는 타지키스탄에 있는 작은 마을 바크시에서 태어났다. 그곳이 페르시아 제국의 일부였을 때였다. 그의 가족은 징기스칸 군대의 침략이 임박해지자 고향을 떠나 중앙아시아의 사마르칸트(우즈베키스탄)과 다마스쿠스(시리아)에 갔다가 터키의 중부내륙 아나톨리아에 있는 코니아에 정착했다. 루미는 마지막 오십년을 코니아에서 살았다. 그가 묻힌 곳도 코니아였다. 코니아는 그가 마지막 오십년을 살고 거기에 묻히면서 지금도 수많은 사람들이 찾는 성지가 되었다. 매년 12월 17일이 되면 그를 존경하고 따르는 수많은 사람들이 모여서 신비주의자들의 춤을 추며 그를 기린다.

그의 집안은 대대로 철학자, 신학자, 법률학자의 집안이었다. 그의 아버지도, 할아버지도 마찬가지였다. 루미는 존경 받는 신학자이자 법률학자였던 아버지를 따라 시리아의 다마스쿠스, 알레포에서 공부하고 스스로도 존경받는 신학자이자 법률학자가 되었다. 유서 깊은 전통적인 이슬람 지도자 집안출신이었던 것이다.

그런데 그러한 가계에 속한 루미의 삶을 송두리째 바꿔놓은 대사건이 있었다. 그 사건이란 타브리즈(이란) 출신의 수도사 샴스와의 만남이었다. 그는 샴스를 만나기 전까지는 아버지와 할아버지가 그랬던 것처럼 전통적인 이슬람 성직자이자 학자였다. 그런데 1244년 11월, 자신보다 2-30년 나이가 많은 샴스를 만나고부터 신비주의자가 되었다. 그의 나이 서른일곱이었을 때였다. 두 사람의 만남은 신비로움 그 자체였다. 만나는 순간부터 헤어지는 순간까지, 아니 심지어 헤어진 이후까지도 신비롭지 않은 것이 없었다. 신비주의의 속성이 그렇듯 두 사람의 관계는 논리나 이성으로 설명할 수 없는 것이었다. 그들은 만나자마자 방문을 닫아걸고 일주일이 넘게 깊은 대화를 나누었다. 샴스는 루미의 책들을 우물 속에 던져버렸다. "지금까지 읽고 얘기한 것들을 이제는 살아야 하네." 진리는 책이 아니라 삶 속에 있다는 말이었다. 두 사람에게는 다른 게 필요하지 않았다. 둘만으로 충분했다. 그들은 몇 주, 몇 달 동안 같이 시간을 보내며 대화의 희열과 황홀경 속으로 빠져들었다. 누가 스승이고 누가 제자인지도 알 수 없었다. 그 신비로움의 속내를 다른 사람들은 도저히 헤아릴 길이 없었다. 루미의 제자들은 스승이 낯선 노인에게 빠져 있는 것이 못마땅했다. 그들은 스승이 그 노인네 때문에 자신들을 소홀히 대한다고 생각하고 질투하기 시작했다. 이러한 분위기를 감지했는지 샴스는 처음 모습을 드러냈을 때 그러했던 것처럼 갑자기 모습을 감췄다. 1245년 3월 11일의 일이었다. 루미와 같이 있던 기간이 4개월도 되지 않았을 때였다.

그러자 루미는 애가 탔다. 샴스가 다마스쿠스에 있다는 소식이 들리자, 그는 첫아들인 술탄 왈라드를 보내 샴스를 데려오게 했다. 확실하지는 않지만 1247년 초반 내지 중반의 일이었다. 두 사람 사이의 신비로운 대화와 삶이 다시 시작되었고, 제자들 사이에는 다시 질투의 감정이 일었다. 제자들은 스승과 샴스 사이의 초월적 관계에 대해 세속적인 감정으로 응수했다. 제자들은 샴스가 영원히 사라져줬으면, 아니 차라리 죽기라도 했으면 싶었다. 어느 날 밤, 루미와 샴스가 대화를 하고 있을 때, 누군가가 샴스를 뒷문으로 불러냈다. 샴스는 이후로 영영 돌아오지 않았다.

샴스가 사라지자 루미는 절망에 빠졌다. 그는 샴스를 찾아 헤맸다. 다마스쿠스까지 직접 찾아가보았지만 그는 어디에도 없었다. 그가 위안을 삼은 것은 자신과 샴스 사이에는 피아의 구분이 없다는 자의식이었다. 자신이 샴스이고 샴스가 자신이라면, 샴스를 찾아야 할 곳은 밖이 아니라 안이어야 했다. 자신의 내면이어야 했다. 샴스는 그의 안에 현존하고 있었다. 그는 이러한 생각을 시로 읊었다.

내가 왜 그를 찾아야 하지?
나는 그와 같다.
그의 본질이 나를 통해 말을 한다.
나는 나 자신을 찾고 있었던 거다.

그가 이후로 쓴 많은 시와 산문들은 자신 속의 그 현존에 관한 것이었다. 자신의 내부에 있는 샴스라는 타자의 현존을 언어로 풀어낸 셈이다. 그는 그것을 통해 세상을 보았고 인간을 보았고 신을 보았다. 그것은 그리움이었고 갈증이었고 슬픔이었고 합일에의 갈망이었다. 달리 말하면, 그는 그 이별을 언어로 풀어냈다, 아니 견뎌냈다. 그의 가슴에서 시들이 쏟아져 나왔다. 그리움과 고통과 절망감이 크면 클수록, 더 많은 시들이 쏟아져 나왔다. 루미가 샴스를 향해 갖고 있는 감정은 언어로 쉽게 설명할 수 있는 것이 아니었다. 그것이 그로 하여금 더 많은 말을 하게 만들었고, 그것이 시가 되었다. 거시적으로 보면 그의 많은 시들은 끝없이 이어진 하나의 기다란 그리움과 사랑이었다. 두 사람 사이에 오갔던 어떤 감정이 루미를 황홀하게 만들었으며 루미로 하여금 그토록 많은 시와 산문을 남기게 했는지 제대로 설명할 수 없을 만큼, 두 사람의 우정은 신비 그 자체였다.

샴스가 왜 그리고 어떻게 흔적도 없이 사라졌는지 정확히 알 길은 없지만 학자들은 그를 질투한 제자들이 그를 살해했을 가능성이 있다고 생각한다. 루미의 둘째 아들 알라에딘 찰라비가 샴스를 죽였다는 얘기도 있지만 확실한 증거가 있는 것은 아니다. 다만 샴스가 사라진 후 루미가 둘째 아들을 내친 것을 보면 그랬을 가능성은 있다. 여하튼 샴스가 사라지면서 그를 향한 그리움과 그의 부재로 인한 슬픔이 루미를 불멸의 시인으로 만들었다. 단테에게 베아

트리체가 그러했던 것처럼 루미에게 샴스는 영감의 원천이었다. 중년의 학자가 자신보다 스무 살이나 서른 살이 더 많은 노인에게 어떠한 감정을 느꼈는지 모르지만 그들의 만남이 세속적인 우정을 뛰어넘어 나와 타자 사이에 발생할 수 있는 모든 감정들을 함의하는 신비로움이었던 것은 분명해 보인다.

샴스 외에도 루미가 친밀한 관계를 유지했던 사람이 둘 더 있었다. 하나는 금세공金細工이 직업이었던 살라딘 자르쿠브였고, 다른 하나는 루미의 필기사였던 후삼 찰라비였다. 루미는 그들을 제자들의 우두머리로 삼았다. 그의 시에 이따금 살라딘과 후삼의 이름이 등장하는 것은 그래서다. 샴스와 비교하면 그들이 루미에게 미친 영향은 상대적으로 미미하지만 그들이 루미의 삶에 중요했던 것은 부인할 수 없는 사실이다. 특히 그의 마지막이자 '페르시아로 된 쿠란'이라는 칭송을 받는 시집 '마스나비'는 그가 구술한 것을 후삼이 12년에 걸쳐 받아 적은 것이다.

루미는 샴스가 사라진 후로 26년을 더 살고 1273년 12월 17일에 세상을 떠났다. 코니아에 있는 모든 사람들이 그를 애도했다. 기독교인, 유대교인, 무슬림, 조로아스터교인을 포함하여 모두가 그의 장례식에 참석했다. 터키인들, 그리스인들, 마을사람들 모두가 위대한 시인의 죽음 앞에서 셔츠를 찢으며 울었다. 종교도, 인종도, 국가도 넘어선 애도의 풍경이었다. 그가 죽어갈 때 옆을 지켰던 고양이마저도 루미가 죽자 음식을 먹기를 거부하고 일주일 후에 주인을 따라 죽었다. 그의 묘지가 지금까지도 많은 사람들, 특히 수피교도들이 순례하는 곳이 된 것은 우연이 아니다.

그는 종파, 인종, 국가를 초월하여 모두에게서 존경과 사랑을 받았다. 그는 이슬람이었지만 그의 시와 가르침은 이슬람을 넘어선 것이었다. 특히 그는 사랑의 시인이었다. 그가 전한 사랑의 메시지는 그가 속한 수피 신비주의 공동체를 넘어 다른 종파와 다른 공동체로 확산되었다. 그는 결코 분열을 말하지 않았다. 그는 사랑을 노래했고 합일을 노래했다. 그는 이슬람만이 옳다고 말하지 않았다. 그가 죽었을 때 종파와 인종을 초월하여 모든 사람들이 울면서 그를 애도한 것은 그래서였다. 다른 종교에 속한 사람들도 그의 시를 읽으면 신앙심이 깊어지는 것을 느꼈다. 그의 시가 지금 세계에서 인기를 누리고 있는 것도 어쩌면 그래서일 것이다. 탁월한 언어감각, 유머, 일상적인 이미지의 활용, 낙천성, 서정성, 신비주의, 깊은 사유 등이 그의 시를 떠받치고 있음은 물론이다.

나는 처음에는 여섯 권으로 이뤄진 '마스나비' 전체를 번역하려고 했지만, 루미의 시에 익숙하지 않은 한국 독자들에게는 종교적인 색채가 강한 '마스나비' 전체를 번역하는 것보다는 그것의 일부를 번역하고, 그것을 '마스나비' 외의 다른 시들의 번역과 함께 내놓는 것이 현시점에서는 더 좋지 않을까 생각하게 되었다. 내가 아니더라도 언젠가 누군가에 의해 우리나라에도 "페르시아어로 된 쿠란"이라는 평가를 받는 '마스나비'가 완역되어 소개되는 날이 왔으면 좋겠다.

루미가 세계의 독자들에게 행사하는 영향력을 생각하면 '마스나비'만 아니라 우리말로 번역된 루미의 시들이 그리 많지 않은 현실이 조금은 아쉽게 생각된다. 미국에서 루미의 시선집이 로버트 프로스트, 월트 휘트먼 같은 국민시인의 시집과 비교가 안 될 정도로, 아니 어쩌면 자국과 외국의 시집들을 통틀어 가장 많이 팔리는 베스트셀러라는 것은 우리도 한 번쯤 생각해볼 대목이다. 늦어도 한참 늦었지만 이슬람권 문학의 우리말 번역에 더 많은 관심을 기울일 때가 되었다. 우리는 이슬람 문학에 대해 모르는 게 너무 많다. 어쩌면 우리는 스스로도 모르게 유럽과 미국 문화를 추종하고, 그런 이미에서 이슬람 문화를 낮춰보는 게 아닐까 싶다. 그러지 않아야 할 우리가 스스로를 일종의 오리엔탈리스트로 만드는 건 아닌지 반성할 시점이 된 것 같다.

루미와 관련하여 2007년은 특별한 해였다. 우선, 루미의 탄생 800주년이 되는 해였다. 유네스코는 루미의 탄생 800주년을 기념하여 2007년을 "국제 루미 해"로 정하고 루미를 기렸다. 당시 이란은 10월 26일에서 11월 2일까지를 루미 주간으로 선포하고 전국에 있는 모든 학교의 종을 울려 그의 탄생을 기념했다. 그의 영향은 페르시아 문화권에 머물지 않고 세계로 확장되었다. 그리고 그 현상은 아직도 진행 중이다. 우리 독자에게도 루미의 시가 더 많이 소개되어 왜 세계가 그의 시에 열광하는지 알 수 있는 기회가 더 주어졌으면 좋을 듯싶다. 그는 읽지 않고 넘어가기에는 너무 깊고 좋은 시인이다.

이 시집에 수록된 시에 붙은 제목은 옮긴이가 임의로 붙인 것이다. 시에 제목이 붙는 관행을 따른 것으로 큰 의미는 없지만 독자가 제목만으로도 그 시가 어떤 주제 혹은 내용인지 알 수 있도록 하기 위해서였다. 제목이 시의 함의와 의미를 불필요하게 제한하고 축소시킬 가능성도 있을 테지만 그래도 제목이 있어야 할 자리가 조금 허전해서 살짝 채워놓았다.

루미의 시선집 제목은 '마스나비'의 프롤로그에 해당하는 시 '갈대피리의 노래'의 제목을 빌린 것이다. 내가 '마스나비'를 일부만 번역했으면서도 '갈대피리의 노래'를 제목으로 택한 것은 "나는 갈대밭에서 잘린 후로/이렇게 우는 소리를 내고 있답니다"라는 구절로 시작되는 시의 아름다움 때문이기도 하고, 그 시가 환기하는 사랑과 이별의 감정이 루미의 시를 총체적으로 대변할 수 있지 않을까 하는 생각 때문이기도 하다. 갈대피리는 루미가 가장 좋아하던 악기이기도 했다.

루미가 노래하는 사랑은 우리가 사랑이라는 말로 포괄할 수 있는 모든 감정들을 암시하고 환기한다. 절대자에 대한 사랑이 거기에 포함되는 것임은 말할 것도 없다. 루미는 종교적인 신비주의 시인이었다. 여기에는 이론의 여지가 없다. 그가 쓴 시에 나타나는 사랑은 인간에 대한 인간의 사랑이기도 하지만, 신에 대한 인간의 사랑, 인간에 대한 신의 사랑이기도 하다. 그렇다고 모든 것을 종교적인 것으로 환원시켜야 한다는 말은 아니다. 그의 시가 위대한 것은 종교적인 사랑만이 아니라 세속적인 사랑까지도 환기하는 감정적 호소력에 있다. 나는 가급적이면 종교적인 색채가 없는 시들을 골라 옮기려 했다. 그의 시가 가진 가장 큰 호소력과 매력이 그러한 시들에 있다고 생각했기 때문이다.

나는 루미의 시를 우리말로 옮기면서 루미에 대한 존경심이 더 깊어졌다. 페르시아 문화가 왜 그를 숭배에 가까운 감정으로 대하는지 알 것 같았다. 내가 읽고 번역하면서 느낀 바로는 숭배의 감정만으로는 부족한 게 루미의 시적 세계다.

루미의 아름답고 지혜로운 시가 우리말로 제대로 옮겨졌는지 알 길이 없다. 그래도 바라건대 나의 번역을 통해서 독자가 루미의 시가 갖고 있는 폭과 깊이, 심오함을 조금이라도 느낄 수 있으면 좋겠다. 페르시아어를 알지 못하기에 다수의 영어 번역본들을 참조해가며 중역할 수밖에 없었다. 그래도 조금 위안이 되는 것은 루미의 시는 다른 언어로 번역되어도 그 의미가 훼손되지 않을 만큼 평범한 어휘, 평범한 문장을 구사하고 있다는 사실이다.

마지막으로 한 마디만 더.

이 시집에 포함된 것들 중 일부는 엄밀히 얘기하면 시라기보다는 산문 내지 스토리라고 해야 맞다. 그러나 그것들이 시의 형식을 차용하고 있어서 크게 보면 시에 영역에 속한다고 해도 무리는 아니다. 페르시아 문화가 낳은 위대한 시인 루미는 우리가 모르고 살기에는 정말이지 너무 위대한 시인이다. 우리가 그동안 모르거나 등한시 했을 뿐이지, 13세기 시인 루미는 수백 년 동안 지혜와 신비로움, 사랑과 그리움의 시를 머금고 우리를 기다리고 있었다. 그런 위대한 시인을 번역해 내놓게 되어 기쁘다.

2020년 겨울

왕은철

마울라나 잘랄루딘 루미 연보

1152년 루미의 아버지 바하 알딘이 아프가니스탄에서 태어남

1207년 9월 30일 잘랄루딘 루미가 바하 알딘과 모메네 카툰 사이에서 태어남

1210년-1212년 바하 알딘 가족이 코로산 지역에 위치한 사마르칸트로 이사

1216년-1221년 바하 알딘이 가족과 제자들과 함께 코로산을 떠남

1217년-1222년 바하 알딘 가족이 중동지역을 떠돌아다님. 처음에는 바그다드에 머물다가 메카 성지순례를 떠남. 다마스쿠스, 말라티아, 아크샤르에 일시 거주.

1220년-1224년 아나톨리아, 즉 현재의 터키에 위치한 라렌드에 정착. 루미의 어머니가 세상을 떠남.

1225년 고화르 카툰과 결혼함. 이후로 두 아들 알라에딘과 술탄 왈라드가 태어남.

1229년 바하 알딘의 가족이 코니아로 이주. 루미의 아버지가 좋은 교수직을 확보함.

1231년 아버지가 세상을 떠남.

1232년 아버지의 스승이었던 사예드 보르한 알딘 모하케크가 제자의 죽음을 모른 상태에서 코니아에 나타나 루미의 교육 최

종적인 단계를 감독하게 됨.

1232년-1240년 루미가 시리아에 있는 엘리트 신학원에서 많은 시간을 보내며 이슬람에 관한 지식을 완성함. 고인이 된 아버지가 남긴 일기를 탐구하며 신비주의를 연구하기 시작함. 시리아에 머무는 동안 루미는 오랫동안 아내와 아이들로부터 떨어져 있음.

1239년-1244년 루미가 코이나에 다시 정착하며 아버지의 교수 자리를 물려받음. 이때 그는 종교학자이면서 이슬람에 관한 뛰어난 연설가이자 이슬람을 부흥시키는 역할로 명성을 쌓음. 첫째 부인 고화르 카툰이 죽고 케라 카툰과 재혼하여 아들 아미르 알림 찰라비와 딸 말라케 카툰을 둠.

1244년 타브리즈 출신의 샴스 알딘이 코니아에 도착함. 루미는 샴스에 흠뻑 빠지지만 그의 제자들이 샴스를 몰아낼 음모를 꾸밈.

1245년 3월 11일 샴스가 코니아를 떠나 시리아로 감. 루미는 실의에 빠짐.

1247년 루미의 아들 술탄 발라드가 샴스를 코니아로 데려옴. 샴스가 대대적인 환영을 받음. 루미는 샴스가 돌아오자 너무 기뻐함. 일부 제자들이 약속을 저버리고 샴스에 대한 음모를 꾸밈. 1247년 후반 샴스가 사라짐. 루미는 샴스를 다시 보지 못함. 그가 루미의 아들 알라에딘에 살해당했다고 믿는 학자들도 있고, 샴스가 시리아로 돌아가 또 다른 방랑생활을 시작했다고 믿는 학자들도 있음.

1248년-1249년 루미는 샴스를 찾기 위해 적어도 두 차례에 걸쳐 시리아로 갔지만 허사였음. 루미가 가잘(짧은 형식의 서정시)을 쓰기 시작함.

1250년 결국 루미는 샴스를 다시는 보지 못할 것이라고 체념함. 그리고 금세공장이였던 살라딘 자르쿠브를 가까이 하기 시작하면서 제자들의 질투심을 다시 유발함.

1258년 살라딘이 세상을 떠남. 루미의 오랜 친구였던 후삼 찰라비가 살라딘의 자리를 계승함.

1261년-1264년 '마스나비'를 구술하여 완성함.

1273년 12월 17일 루미가 해질녘에 세상을 떠남. 그의 두 번째 부인 케라 카툰은 이후 19년을 더 살았음.

마울라나 잘랄루딘 루미(Maulana Jalauddin Rumi, 1207–1273)

마울라나 잘랄루딘 루미(1207-1273)는 가장 위대한 페르시아 시인 중 하나라는 평가를 받는 13세기 시인이다. 그는 철학자, 신학자, 법률학자였으며 삼십대 중후반부터 수피 신비주의에 빠져 엄청난 양의 시를 남겼다. 특히 '마스나비'는 '페르시아어로 된 쿠란'이라고 일컬어질 정도로 높은 평가를 받는다. 그는 본질적으로 사랑의 시인이었다. 그가 전한 사랑의 메시지는 수피 신비주의 공동체를 넘어 다른 공동체로 확산되었다. 그는 이슬람 시인이었지만 종파, 인종, 국가를 초월하여 지대한 영향을 미쳤다. 미국에서는 모든 시인을 통틀어 가장 유명하고 가장 많이 팔리고 읽히는 시인이다. 탁월한 언어 감각, 유머, 낙천성, 서정성, 신비성, 심오한 사유 등을 두루 갖추고 있기에 가능한 일이다. 유네스코는 루미의 탄생 800주년을 기념하여 2007년을 "국제 루미 해"로 정하고 루미를 기렸다.

옮긴이 왕은철

전북대학교 영문과를 졸업하고 펜실베이니아 클래리언 대학교와 메릴랜드 대학교에서 각각 영문학 석사와 박사 학위를 받았다. H. B. 이어하트재단, 케이프타운대학학술재단, 풀브라이트재단의 펠로 및 한국학술진흥재단의 해외파견 교수를 역임했다. 〈유영번역상〉, 〈전숙희문학상〉, 〈생명의 신비상〉, 〈한국영어영문학회학술상〉, 〈전북대학교학술상〉, 〈전북대학교수업상〉, 〈전북대학교동행상〉 등을 수상했다. 『현대문학』으로 등단한 문학평론가이고, 현재 전북대학교 영문과 교수로 재직 중이다. 『야만인을 기다리며』, 『연을 쫓는 아이』 등 사십여 권의 역서와 『J. M. 쿳시의 대화적 소설』, 『문학의 거장들』, 『애도예찬』, 『타자의 정치학과 문학』, 『문학과 트라우마, 그 침묵의 소리들』, 『환대예찬』 등의 저서가 있다.

달섬 세계고전 21

갈대피리의 노래 1

지은이 마울라나 잘랄루딘 루미
옮긴이 왕은철
펴낸이 김동원
펴낸곳 달섬

초판 1쇄 인쇄 2020. 12. 21.
초판 1쇄 발행 2020. 12. 24.

달섬 전라북도 전주시 완산구 어진길 32 (풍남동2가)
전화 (063) 219-5322
FAX (063) 219-5323
출판등록 2012년 8월 20일 제465-2012-000021호

값 10,000원

ISBN 979-11-6372-110-9 04890
ISBN 979-11-6372-001-0(세트) 04080

이 도서의 국립중앙도서관 출판예정도서목록(CIP)은 서지정보유통지원시스템 홈페이지(http://seoji.nl.go.kr)와 국가자료종합목록 구축시스템(http://kolis-net.nl.go.kr)에서 이용하실 수 있습니다. (CIP제어번호 : CIP2020054180)

'달섬'은 전북대학교출판문화원의 임프린트입니다.